OKR 目标管理

组织绩效增长法

刘思洁　王曙光——著

中国科学技术出版社

·北　京·

图书在版编目（CIP）数据

OKR 目标管理：组织绩效增长法 / 刘思洁，王曙光著 . — 北京：中国科学技术出版社，2022.11
ISBN 978-7-5046-9795-0

Ⅰ . ① O… Ⅱ . ①刘… ②王… Ⅲ . ①企业绩效—企业管理 Ⅳ . ① F272.5

中国版本图书馆 CIP 数据核字（2022）第 155199 号

策划编辑	杜凡如　赵　霞
责任编辑	赵　霞
版式设计	蚂蚁设计
封面设计	马筱琨
责任校对	张晓莉
责任印制	李晓霖

出　　版	中国科学技术出版社
发　　行	中国科学技术出版社有限公司发行部
地　　址	北京市海淀区中关村南大街 16 号
邮　　编	100081
发行电话	010-62173865
传　　真	010-62173081
网　　址	http://www.cspbooks.com.cn

开　　本	710mm×1000mm　1/16
字　　数	176 千字
印　　张	14.25
版　　次	2022 年 11 月第 1 版
印　　次	2022 年 11 月第 1 次印刷
印　　刷	北京盛通印刷股份有限公司
书　　号	ISBN 978-7-5046-9795-0/F・1044
定　　价	69.00 元

（凡购买本社图书，如有缺页、倒页、脱页者，本社发行部负责调换）

前言
PREFACE

随着英特尔、谷歌等互联网企业的发展，一个不同于传统企业运作方式的新型管理工具——OKR（Objectives and Key Results）应运而生。OKR是一种目标管理工具，中文意思是"目标和关键结果"，它可以帮助团队更有效地完成目标，并且依据项目进展来考核员工。它的主要运作流程是：员工先制定一个目标，然后设定一系列可以衡量目标达成的关键结果，来助力目标的实现。其中目标要明确，关键结果要可量化。

每家公司都有自己的愿景和战略，来指引公司的发展方向，但是这些愿景和战略通常止于更高层的维度上，普通员工很难触及并理解。而OKR的出现让公司的战略落地不再只是公司高层的事情，每个部门、每个员工都可以根据企业的战略目标制定自身的目标，从而使目标自上而下贯穿于企业内部。

在现代企业中，员工是企业的核心战斗力。如何提升员工的效率是许多管理者都在关注的问题。传统的KPI[①]考核法具有强制性和固定性，重视结果而非过程，缺乏有效的激励手段，而且考核指标不公开透明，仅局限于管理者圈层。这样的考核方式很难调动员工的积极性，形成团队合力，发挥创造力。

而OKR是动态的、可调整的，重视过程而非结果，它鼓励员工自我管

---

① Key Performance Indicator，关键绩效指标。——编者注

理和自我驱动。OKR的实施过程公开透明，上下同步，左右一致，聚焦目标，不与绩效相关联，更容易提升员工的思维能力和创造力，让他们主动去完成企业战略目标。

OKR现已被许多企业广泛应用于日常管理中，很多传统企业也利用它变革了管理模式、提升了效率。那么OKR应该如何制定、如何落地实施呢？

本书介绍了OKR的各个方面，从OKR对企业的意义一直延伸到其具体的实施方法，既可供准备实行OKR目标管理法的企业参考，又可以让已经使用OKR目标管理法的企业突破瓶颈，进一步提高其管理水平。本书内容轻松明快，案例丰富，能够帮助读者掌握OKR的实施技巧，并应用于实践中，从而以良好的管理水平推动企业快速发展，使企业在激烈的社会竞争中拔得头筹。

本书面向企业管理层、人力资源（HR）等职业人群，用严谨的理论、翔实的案例帮助其更好地进行管理。通过阅读本书，读者可以系统地掌握OKR目标管理法的实施流程，从而将其灵活地运用于团队的实际管理工作中。

笔者虽然在OKR管理领域潜心钻研，但书中仍有不足之处，恳请读者予以指正。

刘思洁　王曙光

目录
CONTENTS

第1章
OKR：推动战略落地的创新型管理工具　001

OKR 体系的起源与发展　·003
OKR 发展的土壤　·010
OKR 聚焦战略落地　·017

第2章
OKR 为何能成为现代企业管理的新选择　029

企业为什么要引入 OKR　·031
OKR 与 KPI　·035
共创 OKR 的思路　·040

第3章
关键目标（O）：催生工作积极性的燃料　047

如何制定关键目标　·049
设定目标的四大误区　·058

第 4 章
关键结果（KR）：保证团队执行力的工具 　067

　　如何制定可量化的关键结果　·069
　　制定关键结果的小细节　·080

第 5 章
OKR 落地：制定方案，提升协作效率 　089

　　制订 OKR 实施计划　·091
　　确定企业的 OKR 模式　·094
　　明确实施 OKR 的时间因素　·099
　　推动 OKR 在企业的应用　·106
　　辅助 OKR 实施的工具　·114

第 6 章
跟踪 OKR：有效控制 OKR 实施过程 　123

　　定期开会，提升跟踪效率　·125
　　PDCA 循环：OKR 有效执行的关键　·132
　　OKR 如何实现激励　·134
　　持续绩效管理：实时反馈，定期检查　·140

第 7 章
复盘 OKR：阶段性总结，提升 OKR 质量　　149

四步复盘法　　· 151
优化复盘效果　　· 156

第 8 章
风险挑战：掌控 OKR 推行节奏　　163

企业推行 OKR 的挑战　　· 165
不同角色如何应对变革　　· 169
为什么你的 OKR 不成功　　· 176

第 9 章
不同部门如何推行 OKR　　183

产品部门：用 OKR 做产品规划　　· 185
设计团队：提升设计价值　　· 188
市场部门：营销与销售不脱节　　· 193
销售部门：高效达成团队业绩目标　　· 196
客服部门：提升客户满意度，稳定市场占有率　　· 199

第 10 章
经典案例：各大企业推行 OKR 的经验　　203

电商零售行业：多部门协同运作，步调一致　·205
游戏行业：以"终局视角"规划项目　·209
出行服务行业：用 OKR 推动创新和组织变革　·212

后记　·217

参考文献　·220

第1章

OKR：推动战略落地的创新型管理工具

OKR意为目标和关键结果，其中O是Objectives，意为目标；KR为Key Results，意为关键结果。OKR是管理企业目标的一个工具，它能使目标自上而下贯穿于企业内部，推动企业战略顺利落地。

第1章　OKR：推动战略落地的创新型管理工具

OKR体系的起源与发展

OKR的前身是彼得·德鲁克提出的目标管理法，后经英特尔、谷歌等公司的改良和发展，逐渐成形。如今，OKR已经被众多企业广泛应用于管理工作中。

目标成为企业关注的重点

管理学之父彼得·德鲁克在《管理的实践》一书中提到了"目标管理"的概念，并主张"目标管理和自我控制"。彼得·德鲁克认为，并不是有了工作才有目标，而是有了目标才能确定每个人的工作。因此，企业的战略规划必须转化为目标，才能被落地执行。

目标管理指的是根据企业上级和下级一起协商，以企业战略为基础确定一定时期内的总目标，并确定企业各层级的责任以及分目标，并将这些目标作为企业经营、评估和奖励每个员工贡献的标准。彼得·德鲁克主张，管理人员在工作中一定要避免"活动陷阱"，不能只顾低头拉车，而不抬头看路，最终忘了自己的总目标。因此，企业战略规划的制定不能只依靠几个高管，而是需要企业的所有管理者参与进来，这将更利于战略执行。另外，企业还要有完整的绩效体系，帮助企业高效运作。

彼得·德鲁克的目标管理法的内容可以总结为以下几点：

（1）目标不是命运，而是方向

企业在确定战略后，必须用目标把战略诠释出来。目标可以引导企业向既定的方向前进，帮助企业实现战略落地。如果没有目标，企业的战略不过是"乌托邦"，执行落地也无从谈起。

（2）目标不是命令，而是承诺

管理者制定目标，员工执行目标，这并不是目标管理。目标管理是企业管理层与执行层共同对目标做出的承诺，即每个人都知道企业目标是什么，自己需要做什么来实现目标。只有这样，目标的实现过程才不会遇到太大的阻力，即使遇到困难，大家也能一起克服。

（3）目标不决定未来，而是走向未来的手段

目标是企业对未来的想象，但并不是有了目标企业就能到达理想的彼岸。为了避免无法实现目标，企业应竭尽全力优化资源配置来保证目标的实现。很多企业经常犯的错误就是用大量精力解决问题而导致机会溜走，管理者常常用最多的资源去解决问题，而不是规划"明天"。因此，企业在进行目标管理时，要避免本末倒置。

（4）目标是衡量绩效的标准

每家企业都要尽可能地把所有员工凝聚成一股力量。企业中的员工做的事情各不相同，但又相互关联，为实现企业目标贡献自己的力量。因此，企业必须要有一个衡量个人绩效的标准，这个标准只能是经过上下协商、达成共识的。

（5）目标是分配任务的基础

目标的实现需要不同部门、不同员工的配合，这些要求决定了目标是组织分配任务的基础。

（6）目标是所有管理活动的共同纲领

目标决定了企业的经营活动和每个员工的工作任务，因此企业的组织

架构、资源和人员配置也要符合实现目标的要求，这样才能将企业上下凝聚成一股力量。

目标管理法提出后，在美国企业界大受欢迎。当时，西方经济正由恢复期转向快速发展期，企业急需一套新的管理方法来提高运转能力。目标管理法应运而生，被广泛使用，并很快风靡全球，在世界范围内推广开来。

从自上而下到上下结合

目标管理法的提出对改善企业管理效果有很大帮助，但目标管理法并没有得到充分利用。很多企业只注重制定目标，而忽视了员工的自主能动性，这样反而使目标管理变成了自上而下的"官僚运动"。

英特尔公司的三大创始人之一——安迪·格鲁夫对目标管理法进行了改革。他保留了原目标管理法中的"目标管理与自我控制"原则，并且对此原则进行了优化，添加了聚焦、高挑战、公开透明等元素，形成了最初的OKR体系。

安迪·格鲁夫将定性的目标和定量的指标相结合，形成了一个新体系。在这个新体系中，O代表方向和期望，KR代表需要被评估和衡量的结果。对此，他举了一个简单的例子进行说明。

安迪·格鲁夫表示，一个人要在一小时之内搭上飞机，这是目标。目标是定性的，是一种方向和期望。在去机场的路上，这个人会经过A镇、B镇、C镇，分别需要10分钟、20分钟、30分钟。在规定时间内到达A镇、B镇、C镇就是关键结果，结果是定量的，可以用数值表达。如果这个人用了

20分钟，还没有到达A镇，就说明他可能迷路了，需要马上更换方案或找人问路，否则可能赶不上这班飞机。

同时，安迪·格鲁夫还强调了聚焦的重要性。他认为，企业必须意识到，如果自己什么都想做，就可能什么也做不好。制定的目标要经过斟酌筛选，从而清楚地知道自己应该做什么、不应该做什么，这样才能让目标管理系统运转起来。

除了聚焦，安迪·格鲁夫还明确了挑战的重要性。他认为，管理者需要创造一个环境去激励员工的挑战积极性。因此，目标管理中的目标应当极具挑战性，这样员工才会竭尽全力地去实现目标，即使最后没有实现，结果也会比设定的保守目标的结果要好得多。如果管理者想要员工突破巅峰绩效，那么让目标具有挑战性尤其重要。

另外，安迪·格鲁夫还提出了要以更频繁的节奏去设定目标。这是为了让企业快速适应外部环境变化，并且让员工养成快速反馈、快速修正的工作习惯。目标管理需要向正在进行的项目提供反馈，以此来及时修正或改进行动，保证不偏离既定目标。

安迪·格鲁夫始终坚持目标管理中的自我控制原则。他认为，员工主动参与可以提高自我管理能力，并提升动机水平。因此，企业要重视与员工的沟通谈话，并对员工进行辅导，将自上而下的管理方式转变为上下结合的方式，与员工共同制定目标，增强员工对目标的认可和理解。

安迪·格鲁夫的这套管理体系大大推动了英特尔公司的发展，让公司快速实现了产品的升级换代。

OKR 在谷歌逐渐成形

安迪·格鲁夫对目标管理法的改革使OKR具有了初级形态，那么，之后OKR是如何逐渐成形的？这就要提到谷歌的投资人约翰·杜尔。

约翰·杜尔在英特尔工作时，受到安迪·格鲁夫的管理理论的启发。在加入谷歌后，他将这套管理理念推荐给了谷歌的两大创始人拉里·佩奇和谢尔盖·布林，并得到了两位创始人的支持。就这样，这套管理理念得以在谷歌不断完善，逐渐形成了如今的OKR模型。

在这个模型中，谷歌将OKR划分为四个层次，如图1-1所示。

公司层　部门层　团队层　个人层

图1-1　谷歌的OKR模型

其中，公司层的OKR表现的是企业的核心与发展预期；部门层的OKR阐述的是每个项目的预期；团队层的OKR表现的是团队的工作目标和预期；个人层的OKR描述的是员工个人的工作目标和预期达到的关键结果。

这四个层次的OKR层层细化，并且都为企业总战略目标服务，使所有的公司结构及员工都聚焦于相同的目标和方向。

谷歌对员工工作时间的管理也很宽松，员工20%的工作时间是可以自由支配的。谷歌这样的管理方式看似很"吃亏"，但事实上，谷歌推出的很多产品都是员工利用他们20%的自由时间设计完成的。这些产品都体现出了员工独特的创意，显然这样的管理方式是非常成功的。

谷歌充分支持员工的想法，员工不但有相对自由的时间，而且还可以决定自己的工作项目。谷歌员工在完成一个项目后，可以选择自己感兴趣的项目，将其作为接下来的工作内容。

约翰·杜尔把OKR引入谷歌是因为一直以来谷歌都秉承着重视创新和人才的管理理念。为了吸引优秀人才到谷歌工作，就需要给他们创造一个开放、宽松的环境，使他们敢于发表自己的看法，给各种创意一个试验的机会。OKR在促进人才创新的同时，还能落实到产品设计营销中，最后延伸到企业管理和企业文化上。因此，不得不说，OKR有效地促进了谷歌的创新与发展。

OKR 进入大众视野

在谷歌，既有免费的食物，也有气氛轻松的办公环境。在众人的眼里，谷歌是一家具有创新能力、气氛轻松甚至有些"散漫"的公司。

然而，这样的公司刚上市就获得了"井喷式"发展，市值曾问鼎世界之最。那么，在谷歌的企业规模迅速扩张又面临种种挑战的情况下，支撑这个巨头的力量是什么？答案正是谷歌所运用的OKR管理体系。

OKR管理体系是如何进入更多企业管理者的视线中的？谷歌风投的合作伙伴瑞克·克劳曾公开了一段时长近一个半小时的关于OKR的培训视频，这引起了众多企业的关注。

瑞克·克劳在视频中讨论了目标和关键结果。他指出，目标和关键结果是谷歌管理其早期执行力的关键要素，也是这两个关键要素真正促进了公司发展，到现在也仍是谷歌"DNA"的重要组成部分。

第1章 OKR：推动战略落地的创新型管理工具

瑞克·克劳表示，OKR在帮助企业建立纪律方面的效果是令人惊奇的。OKR除了能帮助员工了解做什么以及为什么做，还能帮助员工有意识地做决定（例如我不该做什么）。而在目标的实现过程中，这一点也很重要。

瑞克·克劳认为企业通过制定目标和关键结果，特别是那些可以量化的关键结果，可以建立一套衡量员工正在做什么的体系。在起草OKR的过程中，从个人到主管、主管到部门，再从部门到企业，企业各层级员工都会讨论如何制定他们的OKR。员工的个人目标与企业总体目标直接相关，因此，每个员工都明白自己的任务是什么，自己离完成任务还有多远的距离。OKR可以帮助企业衡量当前的目标距离企业的最终目标还有多远。

瑞克·克劳在视频中介绍，谷歌在公司层面以及团队、员工层面均应用了OKR目标考核法。而且所有的目标都是由几个重要的、可量化的指标体现的，目标并不是空洞的。例如在网站建设上，员工的目标不能是"让网站更美观"这样模糊的目标，而应是"让网站的加载速度提高30%"，或是"让用户交互程度提升15%"等这样具体的目标。

此外，谷歌所有员工及管理者的OKR全部公开，创始人拉里·佩奇也不例外。在员工资料库中，谷歌的任何员工都可以查看同事的OKR评分、每个季度的OKR目标等信息。

瑞克·克劳曾经负责管理油管网（YouTube）的主页。如果其他部门希望通过油管推广产品，比如插入一段广告或者插入一个视频，那么这些部门的人员首先会查看克劳的季度OKR，了解克劳这个季度要完成的目标，之后再根据具体情况联系克劳。这样能够更好地实现不同部门之间的协作。

瑞克·克劳发布的OKR的视频和其对OKR的讲解使得更多企业开始了解OKR，并在此基础上引用OKR的绩效管理模式。瑞克·克劳对OKR的推广使得OKR为全球更多的企业知晓，促进了OKR的普及和广泛应用。

彼得·德鲁克、安迪·格鲁夫、约翰·杜尔和瑞克·克劳对OKR的推广和成形起到了重要的作用。正是因为他们，OKR才得以推广开来并成为当今企业实现高效管理的工具之一。

OKR发展的土壤

随着"Z世代"[①]走入职场，传统绩效管理模式的弊病便逐渐显露出来。"Z世代"物质基础丰富，思维发散，有个性，追求自我实现和精神满足。而传统绩效管理模式以控制为导向，与"Z世代"员工的理念背道而驰。这一矛盾的出现恰好为OKR的发展提供了土壤。

员工需要开放的企业环境释放个性

上海一家为本地用户提供自娱自乐平台的App，根据其岗位需求面向广大应届毕业生群体招聘新媒体运营专员。根据这家企业的统计，在应聘的毕业生中超过65%的人在大学期间就创建了自己的微信公众号。他们之中，有的想成为自由撰稿人，有的想成为短视频达人，还有的想要成为互联网创业精英。

这些应届毕业生大多认为薪水的高低并不能作为衡量自身价值的标

[①] 指1995年至2009年出生、互联网世代长大的人。——编者注

第1章 OKR：推动战略落地的创新型管理工具

准。他们渴求一个展示自我的平台，他们需要既能够帮助自己提升能力又能为自己带来资源的平台。

马方明（化名）在深圳一家互联网企业从事软件开发工作，并与企业签订了为期3年的劳动合同，试用期为3个月。企业规定试用期工资为9000元，转正后为13000元，但是马方明已经有了结婚的计划，目前需要还房贷，经济压力较大，所以他希望重新找一份薪资更高的工作。

于是马方明开始一边工作一边在网上投简历。入职半年后，他在深圳另一家网络企业找到了一份软件开发工程师的工作，每月工资为25000元，于是马方明选择从原企业离职。

由此可见，当今社会越来越强调个体价值。在上述两个案例中，毕业生需要的是自我展示的平台，而马方明则在薪资待遇上有需求。员工不再是被选择的一方，他们都在不断地追求更好的发展环境。

年轻一代的员工已经不愿意在传统的劳动关系里反复循环，企业与员工之间的关系正处于一种十分微妙的状态。个体所蕴含的能力价值已经远远超过了企业的培育能力，个体不应是企业的附庸，而应与企业互相成就。

1995年出生的李欢（化名）在某所重点院校学习软件工程专业，2018年毕业后就职于一家互联网企业。李欢看重工作氛围，不喜欢被过多约束。但最近，他所在的企业临时接了一个开发项目，需要赶工，因此，企业开展了"996"[①]动员大会。在大会第二天，李欢就提出了离职申请。

---

① 指996工作制，即早上9点上班、晚上9点下班、一周工作6天的工作制度。——编者注

之后，李欢去了另一家互联网企业工作，这家企业每个月都会邀请包括麻省理工学院在内的世界顶级名校的教授到企业为员工做讲座，开阔员工的思维和眼界。该企业还建立了完善的内部激励机制，十分注重对员工创新能力的奖励。对于这家企业来说，员工的工作结果并不是主要的考核目标，企业更加重视员工在工作中的创造思维和创新能力，强调员工的个体价值。

通过以上案例可以看出，随着个体对于知识技能了解的不断加深，个体的核心竞争力也变得越来越强，而企业以往的工作模式难以留住人才。在这种情况下，企业管理者就需要了解个体的诉求。

个体价值可以体现于企业的价值之中，不同个体所作用的主体也不尽相同，但是无论是企业哪一层级的员工都可以为企业的发展贡献力量。同时，在不同的企业环境下，个体也可以发挥出不同的价值。

在个体价值崛起的时代，OKR就可以帮助企业更好地管理员工。它能够拉近企业与员工的关系，把上下级关系变为一种合作关系。在合作关系下，员工能够更自由地发挥主动性和创造性，企业也能够考虑到员工的需求，为员工的发展提供资源、创造更好的条件。

网状协同的企业运作方式

在工作中，经常有这样的现象：虽然部门业绩突出，但是企业的战略目标却并没有实现。造成这种现象的根本原因是企业战略目标和组织实际运作之间的脱节。

现在很多企业都以互联网技术为支撑点，一般都遵循网状协同运作的原则。企业的组织运行步骤主要包括组织设计、组织运作和组织调整。其中，组织设计是前提，之后，组织就会开始运作，如果组织在运作过程中出现了问题，企业就要进行组织调整。

以往的企业分工虽然可以实现员工工作效率的最大化，但是它强调个人效率，而大多数企业亟待提高整体效率，包括组织内部的效率和组织外部的协同效率。分工只能提高组织内部效率，但是组织外部效率的提升需要各组织间的协同，只有这样才能实现企业整体范围内的信息资源共享。

企业组织结构有三大类型，分别是直线制、职能制和直线职能制。

（1）直线制

直线制组织结构是最简单的一种组织形式，也是最早使用的一种组织形式。其最大的特点就是企业各级行政单位能够自上而下地进行垂直领导，下属部门只接受一个上级发出的指令。这种类型的企业组织运行效率取决于企业的管理层级的多少。

在直线制组织结构中引入OKR，能够将上级发出的指令落实到各个部门甚至每一位员工身上，在指令被执行的过程中上级能够跟踪指令的进度，确保指令按时、准确地完成。

（2）职能制

职能制是指各级行政单位除了负责人，还设立一些与之相关的职能机构，即在负责人下面设立职能机构并配备职能人员，以协助负责人进行管理工作。职能机构因受负责人的委托，也会有部分管理权利，因此，下级行政负责人不仅受上级行政负责人的领导，同时也受上级职能人员的领导。

职能制组织结构能够充分发挥职能机构的管理作用，减轻负责人的工作负担。但是这种组织结构容易形成多头领导，不利于企业管理者统一领导。

职能制组织结构的这些问题都可以通过实施OKR来解决。OKR能够明确各级行政单位负责人和各级职能人员的具体职责和工作，能够有效地避免各职位之间职能不明或职能交叉的情况。OKR能够帮助职能制组织形式更好地运行。

（3）直线职能制

直线职能制组织结构也被称为直线参谋制组织结构，它是建立在直线制和职能制的基础上，综合二者的优点重新构建起来的一种组织结构。

直线职能制组织结构主要把企业管理机构和人员分成两类：一类是直线行政机构和人员，按照统一命令的原则发出指令；另一类是职能机构和人员，负责各项职能的管理工作。

直线职能制组织结构虽然能保证企业管理体系的集中统一，还能在各级行政负责人的领导下，充分发挥各个专业管理机构的作用。但是这种组织结构存在职能部门之间协作性和配合性较差的缺点，职能部门的许多工作都需要向上级负责人请示才能完成，这不但加重了上级负责人的工作，还降低办事效率。

然而，直线职能制组织结构的这些问题都可以通过实施OKR来解决。OKR可以使企业决策高效落实，扫清各部门间存在的多种冲突障碍，加强各部门间的交流与协作，使组织资源得到合理的分配。

无论使用哪种组织结构，企业都可以引入OKR来更好地落实工作，跟踪工作进度。OKR可以使组织的运行效率的来源从单独层级、单独部门转变为整个企业协同工作，企业内部可以更合理地共享资源。协同工作也极大地提高了单独层级和单独部门的工作效率。OKR以完成整体目标为目的，因此，在目标完成过程中，OKR能够带领企业不断地更新和调整状态，能够保证工作方向的正确性及工作任务的进度，以确保整体目标顺利完成。

传统绩效管理不适合现代企业管理需要

管理团队最大的挑战是什么？答案是如何激励员工。无论对于500强的大企业，还是对于创业公司来说，这都是一个大问题。传统绩效管理虽流派众多，但是在执行层面，都会存在以下问题。

（1）控制导向

传统绩效管理为了减少可能出现的绩效偏差，落实最终的绩效目标，基本都是以上级控制下级为导向，对未达标结果的惩戒力度大于对已达标结果的奖励力度。这样的管理方式很容易激起员工的抵触情绪，难以激发员工的主动性。

（2）自上而下的考核评价

单向的自上而下的考核评价，完全把员工置于被考核、被评价的位置，使其无法完全参与考核评价。在这种模式下，管理者拥有绝对权威，但其评价标准可能会带有个人色彩和平均主义的倾向。

（3）固定的评价反馈周期

固定的评价反馈周期无法及时反馈员工的行为或表现，降低了激励和约束效果。而且受"近因效应"[1]的影响，管理者对员工的近期表现印象更深刻，所以会影响评价的准确度和客观性。

---

[1] 指当人们在识记一系列事物时对末尾部分项目的记忆效果比记忆中间部分项目的效果好的一种现象。——编者注

（4）关注核心关键指标

几乎所有传统绩效管理工具，在执行"硬指标"时，都会遵循"二八法则"，即抓关键，避免分散注意力和资源。而这既会导致绩效评价不能全面反映员工创造的价值，也会导致员工在工作过程中忽视非核心关键指标，产生失误。

在不断变化的时代背景下，越来越多新生力量的出现，让传统绩效管理的问题越来越突出，具体体现在很多管理者不知道如何管好年轻人。那么，到底怎么做才能激励员工，让他们更开心、更高效地工作呢？

其实，管理的核心是如何让一群人自主地朝着同一个目标前进。很多管理者一方面觉得团队的行动力不强，需要有人在旁边盯着；另一方面又希望自己不用管那么多，员工也能激励自己往前走。

但是，各种研究表明，人很难被激励。因为真正能激励某个人的，只有他自己。因此，对管理者而言，最重要的事就是不要让一个特别热爱工作的人变得不热爱工作。

我们可以回想一下，不管是刚加入一家新公司，还是刚开始创业，最初的一段时间，我们一定是热爱这份工作，特别有工作热情。但是，一旦遇到一个总是给负面激励的管理者，例如严格管控、考核监督等，用不了太久，我们的工作热情就会消失。

因此，传统绩效管理的高压、严格管控的管理手段已经不再适合现代企业了，商业思想家丹尼尔·平克在其所著的《驱动力》中提到，"胡萝卜加大棒"已经不适用于现在物质相对充裕的时代了。现代企业管理的关键在于自我激励。只有让员工自己激励自己，他才有可能获得长远的发展。

相对于传统的绩效管理方法，OKR管理体系在激发员工自我驱动力方面更具优势。OKR的目标具有导向性，同时在设定关键结果时，关键结果描述的是结果而不是任务。在设定关键结果时，员工对于关键结果的设定有一定的自主性，其工作方式和工作内容也更加自由。OKR管理体系能够使员工的工作更加聚焦于目标，同时在工作中能够发挥出更大的主动性，员工在工作中自由程度的提高会有效地激发员工的自我驱动力。

总之，传统绩效管理对员工的约束很难激起员工的自我驱动力。在传统绩效管理的弊端日益凸显的当下，OKR显然是一种更具实战价值的管理工具，它更能提高员工工作的积极性和主动性，从而激发员工的自我驱动力，使员工更好地为企业创造价值。

OKR聚焦战略落地

OKR可以让企业上下统一目标，始终朝着一个方向努力，并让每个员工积极主动地为企业创造价值，从而推动企业战略从管理层贯彻到执行层，被顺利落地执行。

OKR 明确企业发展方向

北京一家互联网教育企业第一季度的总体目标是提升市场认可度，该企业运营部门的OKR是这样制定的：

Objectives：进入安卓应用市场推荐的前三名，提高品牌影响力。

KR1：确保现有学员已下载App，总下载量超过一万。

KR2：好评数量达到1000个。

KR3：搜索引擎优化（SEO），每天访问量突破5000次。

KR4：应用市场每日获客500个。

招生部门的OKR如下：

Objectives：实现更高效、准确的招生预测。

KR1：意向学员是招生目标的5倍以上。

KR2：意向学员转化率达到20%。

KR3：优化招生流程，与每位意向学员至少沟通7次。

在这家互联网教育企业的OKR中，提升市场认可度是企业的战略执行总目标，而运营部门和招生部门的OKR都是以企业整体的战略执行目标为基础进行制定的。

通过该案例我们可以得知：OKR是有逻辑的。它的逻辑原点在于怎样聚焦目标。目标体现的是企业想做什么，关键结果体现的是企业怎样做才能实现目标。在限定时间里明确想要完成的目标，然后根据这个目标来细化企业各部门、各层级的工作，这一系列过程就是企业实现战略高度聚焦的保证。

因此，无论是企业的哪一个部门或层级在制定OKR时，都要始终围绕总体目标来量化关键结果。

大部分企业的管理者都觉得企业没有实现更好的发展是因为战略目标的制定出现了问题。诚然，战略目标制定错误会导致企业发展不顺，但是，即使是正确的战略目标，如果目标不是很明确、执行目标的方向有所偏离，也会阻碍企业的发展。

那么，企业管理者如何才能更好地利用OKR提高战略执行的聚焦度？

第1章　OKR：推动战略落地的创新型管理工具

这就需要企业管理者按以下五个步骤开展工作，如图1-2所示。

（1）明确企业总体目标
（2）绘制战略地图
（3）识别与分解OKR
（4）明确个人OKR
（5）审视和评估OKR

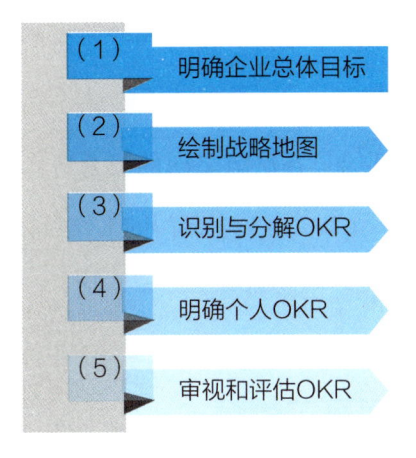

图1-2　利用OKR提高战略执行聚焦度的步骤

（1）明确企业总体目标

企业管理者在实施OKR时，首先应梳理战略，明确企业的总体目标。

（2）绘制战略地图

明确了企业的总体目标后，企业管理者需要将总体目标中所包含的一连串假设转化为一系列具体的因果关系链，并通过因果关系链绘制出战略地图。

（3）识别与分解OKR

接下来企业管理者需要识别与分解OKR。OKR的识别与分解就是对总体目标进行分析并将其分解到各部门。

（4）明确个人OKR

确定各部门的OKR之后，企业管理者还要确保部门OKR的分配能够落实到每个员工身上。在完成OKR的过程中，企业管理者要同时重视过程和结果，做好年度目标与月度目标的合理分配，最后再细化到个人OKR。

（5）审视和评估OKR

在实施管理OKR的过程中，OKR的设计和合理分配虽然十分重要，但企业管理者同样要重视在OKR实施过程中对其进行审视和评估。这保证企业管理者能够及时发现OKR实施过程中各环节产生的问题并立刻对其进行调整。

OKR能将企业各部门、各层级之间的复杂协作和工作内容清晰地展现出来，能够使每一个员工、每一个部门的工作目标聚焦于企业的总体目标，从而提高企业战略执行的聚焦度。

OKR可以体现员工的意志

小张是上海一家互联网企业的研发人员，他所在的团队负责企业App的开发与调试。因为企业采用的是较为传统的管理方式，工作任务由领导统一分配，所以小张每天只是按部就班做好分内的工作，很少与其他部门沟通。研发部的其他员工与小张的状态也大体相同。

这种工作方式导致该企业开发的App市场反响低迷，而且团队内部互相推卸责任的现象严重。后来该企业为了谋求更好的发展，引入了OKR管理体系，并率先在研发部实施，小张所在的团队也随之进行了相应调整。

研发部以企业整体第一季度目标"产品市场占有率比上一个季度上涨30%"为基础，制定部门第一季度目标"实现App非一般的用户体验"。这个目标又被继续分解到小张等研发部的员工身上。

随后，在部门领导的指导下，小张制定出自己的OKR，内容如下：

Objectives：改进App功能，提升用户体验。

KR1：重做App的日报功能模块。

KR2：提高App性能，将各功能响应时间控制在1秒以内。

KR3：将用户好评率提升至90%。

在研发部引入OKR三个月后，企业App的下载量有了明显的增加。团队成员受到了鼓舞，也越来越注重整体的协作了。对小张个人来说，在OKR的指引下，他的工作成果与部门的工作成果密切相关，他也时常在企业的例会上提出自己对App的创新想法，主动寻求产品优化的方法。

从小张的案例可以看出，如果企业管理者发现员工的目标和结果意识不强，可以通过实施OKR来改善这一状况。OKR可以帮助员工对企业目前阶段的发展状况和未来的发展方向有一个明确的认知。

企业管理者为什么要培养员工的目标和结果意识？这就涉及意志的作用过程原理，如果员工对目标和结果意识不强，那么，其敬业度和责任感自然也不会太强，只有员工对OKR充满激情，整个企业才会有真正的驱动力。

如何让员工对OKR充满激情？这就需要企业管理者在制定OKR的目标和关键结果时要体现出员工的意志。自主选择的意志和非自主选择的意志作用相差很大。

自主选择的意志作用过程如图1-3所示。

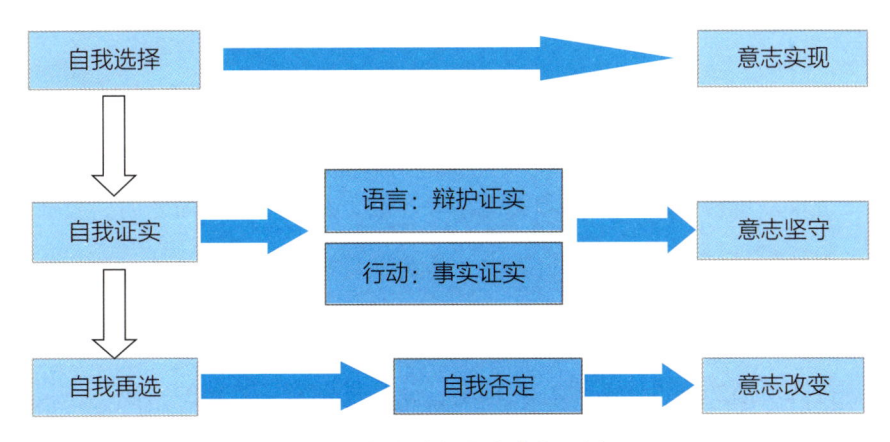

图1-3　自主选择的意志作用过程

如果企业管理者在制定企业各层级的OKR时能够体现出员工的意志，那么员工就会通过各种方法来证明自己的选择是正确的。这时员工会通过关键结果来证明自己意志的正确性，并且还会通过自我否定，在工作中不断反思，改进工作方法，从而改变自己的意志，达到更高层次的自我意志的实现。

在实施OKR时，自主选择的意志作用表现得非常明显。如果企业的总体目标是全体员工经过商讨、表决确定的，那么，这个目标就是企业全体员工意志的表现，企业全体员工都会对OKR的实施更有责任心，这样在实际工作中自然会激发员工的积极性，有利于企业总体目标的完成。

非自主选择的意志作用过程如图1-4所示。

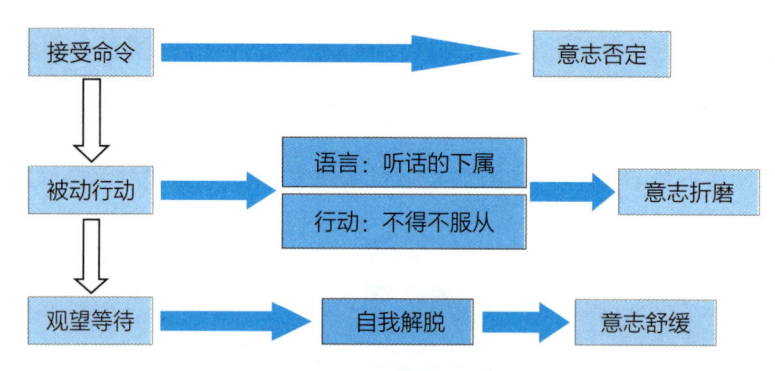

图1-4　非自主选择的意志作用过程

如果企业管理者在制定企业各层级的OKR时没有体现出员工的意志，员工也难以重视OKR的目标和关键结果。员工在接受上级命令时，首先表现出来的就是对自我意志进行否定，认为该目标与自己无关或对该目标毫无信心。这时员工的行动就是被动的，表现在语言上，就是员工对上级的安排持无所谓的态度；表现在行动上，就是员工除了自己的本职工作，对其他工作缺乏积极性。

在这种心理状态下，员工的自我意志难以表达，思想消极，遇到有难度的目标时，就会自我逃避，例如员工会认为目标完不成都是领导的错，和自己没有关系。员工会通过这样的方式使自我意志得以舒缓。

在OKR的实施过程中，如果企业目标是员工非自主选择产生的结果，OKR的推进就会受到阻碍。一方面，在工作中，员工会对OKR持怀疑态度，消极工作，目标进展不顺利；另一方面，如果企业目标没有按时完成，员工也不会感到遗憾，更不会主动反思。

因此，企业管理者在制定OKR时要注意体现出员工的意志，这有利于培养员工的目标和结果意识。在制定OKR时，企业管理者要多与员工沟通讨论，提高员工在制定OKR的过程中的参与度。同时，在实施OKR的过程中，企业管理者要对内部员工的OKR完成情况全面地了解，收集员工的反馈意见并及时对不合理之处进行调整。这样才能在体现员工意志的情况下，有效地培养员工的目标和结果意识。

OKR带来更开放、透明的企业环境

广州一家处于瓶颈期的服装厂在引入OKR管理体系后成功转型，连续两年销量领先，现已成为年订单量超过千万的服装制造企业。

企业管理者王丹（化名）认为，该服装厂在此前客源单一，企业项目保守，从不创新和改革。虽然服装厂的订单量较为稳定，但是面对激烈的市场竞争，不进步就等于退步。

在王丹接手该服装厂之前，企业共有5位副总经理，副总经理下面还有10个部门经理，部门经理下面还设有团队主管。企业最高管理者的决策总是先下达给5位副总经理，再由这5位副总经理将决策下达给各部门经理，最后再由各部门经理下达给各个团队主管。在这样烦琐的流程下，要全面贯彻执行服装厂的战略至少需要1个月的时间。

在王丹接手服装厂之后，针对以上问题，王丹决定先从管理上进行改革，为此她选择在企业内部引入OKR。对于引入OKR的原因，王丹是这样解释的：服装厂相对其他企业来说组织结构较为单一，企业内部的战略决策传达应该畅通无阻。而在服装厂的转型阶段，传统的"金字塔型"的组织结构严重影响了服装厂的工作效率。

OKR强调的是充分释放企业各层级、各部门间的协作能力，使企业内部的沟通变得更加透明、直接。王丹认为，OKR可以压缩企业层级和多余部门，使员工能够以最快的速度响应企业的战略执行目标并进行自我管理。

因此，王丹决定在整个服装厂实施OKR体系，并将原有的5名副总经理缩减至2名，再将部门经理缩减至3名。部门经理直接负责部门大小事宜，王丹和2名副总经理共同制定各个阶段的战略目标，部门经理和基层员工再在整体战略目标的基础上确定部门和个人的目标和关键结果。

很快，在OKR的辅助下，该服装厂迅速实现了各个部门间的协作。王丹在第一季度制定了降低辅料成本这一目标，就需要该服装厂的裁剪部、采购部以及设计部之间的协作。各部门间的通畅协作大大提高了工作效率，也实现了该服装厂的战略聚焦。

这一案例充分说明了企业在实施OKR后，可以通过裁减冗余岗位和人员来建立一种紧凑、扁平的组织结构。在这种组织结构下，企业开展各项业务也会具有很大的灵活性。

企业实行OKR可能造成原先上下级之间存在的权属关系发生变化，这时就需要企业管理者重新划分权利的归属，明确组织中员工的个人目标、部门的目标以及企业的整体目标。

OKR要求员工把个人目标与企业目标融为一体，做到权责结合，这也是企业扁平化的核心内容。企业结构扁平化是指企业的组织架构由原来纵向发展管理层级的形式转变为横向扩展。

OKR能让企业组织以目标的核心流程为中心，这能使组织结构更加扁平化，各职能部门的职责逐渐淡化，员工会更加清楚地了解企业的总目标是什么，并且能够知道企业总目标的完成进度，明确的目标更能激发员工工作的积极性。

由此可见，OKR不仅可以减少上情下达或下情上传过程中的时间成本，而且也可以消除企业内部不同职能部门之间沟通和合作的障碍。企业实施OKR管理体系更能适应瞬息万变的市场环境，释放出企业的灵活性、机动性。

OKR 激发员工内驱力

企业的价值是由员工创造的，企业的发展是由员工推动的，员工是企业的基础和基因。OKR的实施能够有效激励员工，激发员工的内在驱动力，促使其为企业创造更多的价值。为什么OKR能激励员工？主要体现在以下两点。

第一，在OKR的制定和实施的过程中，员工有一定的自主性。在OKR的制定过程中，员工可以提出自己的意见和建议，员工的诉求也会体现在

OKR中，自身诉求的满足能够激发员工工作的积极性。

同时，在工作过程中，员工也能充分发挥自主性。OKR设定了员工工作的目标方向和框架，在这个框架内，员工可以充分发挥自己的自主性，在确保结果能够达成的前提下，员工可以按自己的意愿来安排工作内容。和被动地接受安排相比，员工主动决定要做的工作会让其在工作中更有动力。

第二，反馈是OKR极为重要的一个方面，即OKR的更新。OKR是短期的目标，而定时更新目标能够对员工起到激励作用。

例如，在企业OKR实施的过程中，企业的研发部门每周都要对部门目标进度进行更新。部门员工会通过会议来了解部门目标的进度和企业目标的进度，以此来明确本周的工作情况。同时，该研发部门也会对比本周和上周的工作进度，明确本周部门对企业的贡献度是否有所提高。这种重复加强印象的过程，会使员工对部门目标和工作进度有一个清楚的认识，目标进度的每一次提高对员工来说都是一次激励。

对部门目标和企业目标频繁地进行回顾是实施OKR的一个"撒手锏"。这种形式感很强的回顾能够时时提醒员工工作进度和目前所达成的结果。

基于以上两点，OKR能够起到激发员工内在驱动力的作用。此外，企业管理者需要注意，为了更好地发挥OKR对员工的激励作用，企业管理者可以针对员工OKR的完成情况设置一些奖励，如在部门内或企业中对OKR完成优秀的员工予以奖励等。奖励也可以配合OKR更好地激发员工的内在驱动力。

OKR 响应绩效管理新趋势

OKR作为绩效管理流程的一部分，是随着绩效管理的进化而诞生的。如今的绩效管理，有几个重要的变化。

第一个变化是奥多比（Adobe）、通用电气、埃森哲、微软等公司都开始废除评级；第二个变化是企业逐渐弱化单一业务绩效在评估中的重要性，开始把创新、团队的贡献、对他人的责任感等加到考核维度里；第三个变化是企业把注意力从固定周期的绩效考核，转移到平时的绩效辅导和沟通中去，强调频繁、非正式的绩效谈话。

为什么会有这样的变化？这是因为传统的绩效评级会让员工更倾向于把外界的目标强加给自己，而员工其实不清楚自己为什么要完成这件工作。如此一来，即便员工很好地完成了工作，也只是耗费了心力，难以获得长效发展。所以，企业需要一个新的管理工具，将企业目标变成个人的内在目标，让员工主动创造价值。

而OKR讲究上下协同，目标是由员工与企业共同制定的。在OKR管理体系下，每个员工的目标是个人的内在目标，无论在工作中遇到了什么困难，员工都能发挥自己的主动性去克服，并享受其中。而且员工在实现目标的过程中，能获得充足的价值感和成就感，让企业对员工的管理更为容易，实现个人与企业的双赢。

第2章

OKR为何能成为现代企业管理的新选择

如今OKR受到了很多企业的欢迎，不仅是科技企业，许多传统企业也在尝试引入OKR管理模式。OKR管理体系既能提升企业的管理能力，又能激发员工的积极性和自主性，使企业和员工双向受益。

企业为什么要引入OKR

OKR作为一种新兴的管理工具，可以帮助企业打造管理理念、提升管理能力，任何企业都可以引入OKR，将其作为提升管理效能的工具。

OKR是提升管理能力的工具

如今，人们的自我意识较为强烈，也越来越追求工作幸福感。而每天打卡上下班，像螺丝钉一样只在某一环节发挥作用，并不能使人们的工作幸福感得到提升。

因此，很多公司开始实施不同程度的灵活办公机制，例如错峰上下班，每周选择一天在家办公等。更多的企业开始关注如何营造一种环境和文化，让员工在工作中是敬业的、满足的、被激励的、被尊重的。

OKR的发展与完善，为各企业提升管理能力提供了一个新方案。OKR是一种绩效工具，是一种手段，它有利于企业目标的设置和实现，能够使所有员工朝着一个方向共同努力。OKR为定义、跟踪和衡量目标提供了一个实用框架，目标可以激励团队不断前进，关键结果可用于衡量目标能否实现。OKR自引入中国后就受到了小米、京东、字节跳动等互联网企业的追捧，成为近几年来应用广泛的管理工具。

那么，OKR到底对企业有什么好处呢？那就是上下一致、左右对齐、自我驱动。

（1）上下一致

很多20人以下的小企业经常会遇到这样的问题：员工对企业的目标不够清楚，员工的个人目标和企业的总体目标不够一致。在团队规模较小时，这个问题的弊端不会很轻易地显露出来。但当团队超过20人时，团队的管理层级必定会增加，层级越低的员工，就越不清楚企业整体的目标，他们对为什么要制定这个目标也不会有较深的理解和思考。在这种情况之下，企业会越来越难实现目标从上到下的一致性。

而OKR通过上下共创、透明公开的目标制定和沟通方式，帮助企业从上到下对组织目标有充分一致的理解。这样即便是最基层的员工也能清楚地说出企业的目标是什么，并且清楚自己如何帮助企业实现目标。

（2）左右对齐

当职能划分得非常清楚的时候，企业每个部门都有自己的指标，在协作的过程中就难免会出现很多利益冲突。而在OKR管理体系下，目标和结果公开透明，各部门有了更多机会去了解彼此的OKR是什么。经过持续的沟通，以及对目标的梳理，大家会越来越清楚各部门的不同目标是如何共同支持企业总目标的实现的，同时各部门也会更清楚如何为其他部门提供支持，这样就实现了左右对齐。

（3）自我驱动

OKR实施过程中有一个重要的环节是共创。共创是指让所有员工分享自己对于企业目标的思考和想法。当员工能够参与到目标的制定过程中时，他就能更加理解为什么要制定这个目标，并且能在工作中确立自己的目标以支持企业目标。

另外，OKR只考核最终结果，并没有规定实现目标的方法。这给了员工充分的空间去发挥自主性，让他们去试错、探索、创新。当员工在工作中有足够的自主性，又能够找到工作的意义时，其自驱力自然就得到了提升。

不同企业引入OKR的意义

引入OKR对于不同企业来说有不同的意义。

（1）初创型企业

处于创业初期的企业，尤其是从事互联网相关行业的企业，往往对于自身的发展战略和目标规划没有明确的定位。企业管理者需要不断地对发展战略进行探索，通过不断地试错来积累经验。

如果初创型企业引入OKR，那么就可以通过目标与关键结果的结合，把企业目标的牵引作用发挥到最大。同时，在实施OKR的过程中，企业管理者也可以对工作的目的和方向进行调整，以保证企业发展方向的正确性。此外，OKR强调企业内不同部门之间的合作，这样可以使企业减少不必要的资源浪费。

一般来说，初创型企业规模都比较小，并且通常采用直线制组织形式，因此企业管理者和员工能够建立起深厚的感情，公司的凝聚力也比较强。在直线制组织形式中引入OKR，有助于企业管理者下达的指令被更好地执行。员工OKR的设置会紧紧围绕企业管理者设定的目标，确保了目标能顺利地完成，公司也因此能够快速、稳定地发展。

（2）高科技企业

在高科技行业中，产品更新换代的速度非常快，这使得高科技企业必须不断地进行技术革新来应对行业内激烈的竞争。这种类型的企业对员工提出了更高的要求，员工必须有自己的创造性思维和市场敏感点。

在高科技企业中实施OKR可以培养员工的冒险精神，再加上高科技企业员工的素质普遍较高，自我管理能力强，OKR更能激发员工工作的主动性和积极性，使他们自觉地发挥创造力和价值。因此在高科技企业中，企业管理者往往只需要帮助员工初步确定OKR，员工便会自觉地根据工作情况调整OKR。

高科技企业属于多线性组织结构，是按照职能来进行分工的，即把相同职能的人员和管理业务组合在一起，从而设置出相应的管理部门和管理职务。这种组织结构是存在弊端的。职能部门的工作往往只面向本部门，但是在完成一个比较复杂的项目时，通常需要多个职能部门合作，这容易导致各个部门的目标被忽略。而且在这种组织结构下，高科技企业的每个部门可能会优先考虑本部门的利益。这样就会导致某些重要的问题被忽视，从而使项目难以推进。

企业管理者引入OKR可以有效地解决上述高科技企业中存在的问题。OKR能够使企业各部门聚焦于同一个目标，为了达成这一目标，各部门间的合作将大大增强，各部门间的资源也能够被合理地分配和共享。只要企业管理者所制定的OKR符合企业自身发展的需求，那么，这个项目就能够从每个部门中调配所需的专业技术人员。目标的聚焦使得高科技企业的人员灵活性更高，各部门间合作的项目也能够被更好地完成。

（3）创新型企业

对创新型企业来说，引入OKR有助于其改善组织结构。创新型企业将"创新"作为企业发展的核心动力，其需要保持持续的创新。在创新型企业中引入OKR不仅有利于企业创新能力的提升和强化，还可以提供企业组织建设的管理要素，明确其活动条件和范围，使之形成相对稳定而科学的管理体系。

OKR可以在创新型企业的组织架构下，帮助各部门分工协作，从而形成决策权的划分体系。这样既能够保证组织内部信息传导的效率和真实性，使决策高效执行，也能够使部门间职责明确，避免企业内耗导致资源浪费。另外，OKR能变革创新型企业的组织结构，发挥组织的协同效应，最大限度地释放企业的能量，最终达到"1+1＞2"的高效运营效果。

（4）传统企业

传统企业也可以将OKR融入企业管理中。"OKR之父"约翰·杜尔说过："OKR适合所有公司。"传统行业的企业正面临转型，需要"减负"，需要实现快速扩张，而OKR可以作为KPI的补充，推动传统绩效管理模式迭代，让传统企业朝着创新和敏捷的方向发展。

今天营商环境已经发生了巨大变化，设计、生产、营销以及物流等各个环节都在进行数字化重构。为了适应外部环境的巨大变化，企业要让组织变化的速度快于环境变化的速度，这样企业才能在市场竞争中赢得一席之地。

OKR与KPI

引入OKR之后，现行的KPI管理体系该何去何从？这是很多企业都会遇到的问题。但事实上，KPI与OKR是两种不同的管理工具，OKR侧重目标管理，KPI侧重绩效考核。本节将从OKR与KPI的区别与联系出发，帮助管理者分析如何融会贯通地使用这两种管理工具。

OKR 与 KPI 真的水火不容吗

有了OKR就不能用KPI了吗？这是很多管理者存在的疑惑。事实上，OKR和KPI都是工具，核心目标都是帮助企业和个人朝着一个方向产出好的结果。而且，无论是OKR还是KPI，在定好目标之后，都需要通过PDCA（计划—执行—检查—处理）来落地。即使企业使用了OKR，但如果忽视了目标的共创和复盘处理，OKR也不能发挥作用，最终只会沦为评价的工具，而不是目标管理的工具。

那么，OKR与KPI可以并行吗？答案是一定不要并行。这是因为现在的KPI理念和OKR是有冲突的，当员工没有完全实现目标而影响收入时，就不会再设定具有更高挑战性的目标了，而这违背了OKR的制定要求。

然而如果要完全打破现有的以KPI为主导的绩效考核体系，不只需要一个OKR工具，还需要改变整个绩效管理体系以及薪酬体系，重新建立一个新的管理系统。因此，并不是简单地将OKR和KPI叠加使用就可以了。OKR就像指南针，而KPI就像仪表盘。我们在开车时，需要通过地图确定方向，然后还需要偶尔看看仪表盘上的各种指标来确认车现在的情况，明确它是否还能继续行驶，自己还需要再做点什么。

因此，管理者可以不用纠结于用OKR还是KPI，或者死板地遵循一套固定逻辑，而应根据自己企业的情况融合各种管理工具的优势为己所用，发挥不同工具的价值。企业管理者应把关注点更多地放在管理过程中，例如目标是否清晰，沟通是否足够，激励是否到位等。

OKR与KPI的区别

KPI即关键绩效指标，该指标经常用于企业项目或企业特别活动的绩效衡量。不同的企业部门有不同的KPI制定标准。KPI是很多企业审视自身价值的关键点，是衡量员工工作绩效的量化指标，有很多企业是直接参照KPI的完成度来决定员工的薪资水平的。

那么，OKR与KPI有什么关系？企业管理者要知道OKR不是KPI，KPI在理论上是必须严格按照SMART原则制定的，即绩效指标必须是具体的（Specific）、可衡量的（Measurable）、可达到的（Attainable）、与其他目标具有一定相关性的（Relevant）、具有明确截止期限的（Time-bound）。员工的KPI是否达到标准，甚至达到标准的比例都是能够被衡量的。

而OKR不同于KPI，它们的核心虽然都是目标和关键结果评价，但是两者的工作方法差异很大。OKR的实施过程包括以下几个方面：

第一，从年度OKR细化到季度OKR，一个季度评定一次，其间企业管理者可随时对OKR体系进行更新和检验。

第二，OKR的目标需要企业内部从下而上讨论、自上而下分解，个人目标需要以公司总目标和部门目标为中心。

第三，关键结果要设定明确，并且需要对其进行量化处理。OKR的目标和关键结果都要遵循SMART原则，但其中的A从Attainable（可达到的）升级为Ambitious（雄心勃勃的）。

第四，企业所有员工都要制定自己的OKR，并且要透明、公开，同级可互相评价。

从以上实施方法来看，OKR的核心是目标，而KPI的核心是指标结果。如若把指标的结果定为衡量员工工作的标准，就容易导致企业员工过于重视指标的完成结果而忽视了工作的最终目标。

例如，一个互联网公司将页面浏览量作为KPI指标，员工为了提高页面浏览量会把用户本可以一页浏览完的内容，分解成很多个步骤，因此用户不得不花费更多的时间和精力来访问更多的页面。这样一来虽然KPI的指标完成了，却降低了用户的好感度。由此可见，一味追求KPI指标可能会让员工忽视工作的目的。

反观OKR，OKR代表的是企业目标和关键结果。企业目标表明了企业的发展方向和目的，而关键结果则表示企业是否已经完成了目标。在实施OKR的过程中，企业管理者必须要考虑清楚三个问题：自身想要达到什么目标、如何确定目标已经达成、如何能达到这个目标。

OKR是帮助企业达成目标的工具，而KPI是用来进行绩效评估的工具，OKR可以包括KPI。例如，一个公司以提高全年销售总业绩额为目标，那么企业管理者可以根据这一目标设定几个关键结果，如每个月业绩额增长50%，那么月业绩额增长50%就是这个关键结果的KPI，每个月的销售业绩额就是提高公司全年业绩额的要素。

综上所述，我们可以对OKR与KPI的区别做一个总结归纳，如表2-1所示。

表2-1　OKR与KPI的区别

	OKR	KPI
定义	企业目标和关键结果 （目标管理方法）	关键绩效指标 （多用于绩效考核）

续表

	OKR	KPI
实质	①"O"代表的是目标（定性目标），是企业想要得到什么以及实现什么 ②企业建设过程中不能缺少的目标，企业想要到达的终点在哪里，努力工作是为了什么 ③内在动力 ④对企业全体员工来说，是一种引导式激励指标	①衡量员工工作绩效表现的量化指标 ②企业进行中的项目或企业特别活动的绩效衡量指标 ③外在动力 ④企业管理者为员工制定的，用来考核员工的关键绩效指标
确定目的	激励员工自主地发挥主观能动性和创造力	为了考核员工是否完成了绩效任务

由表2-1可知，与KPI相比，OKR更具灵活性，更能激发员工工作的积极性与创造性。同时，OKR紧紧围绕企业的目标而实施，消除了过于重视数值而忽视最终目标的弊端。

OKR加强了沟通与协作

OKR制定的目标通常都是富有挑战性的，而OKR在实施过程中能够实现对员工的激励，使其充分发挥工作的自主性和积极性，能够促使那些富有挑战性的目标得以实现。相较于KPI，OKR通过挑战性的目标和员工自主性的激发，能够建立起企业管理者野心和现实之间的联系，推动企业的快速发展。

KPI作为企业评估绩效的工具，属于推动企业发展的外在动力；而OKR能够激发员工工作的积极性和创造性，激活企业发展的内在动力。KPI是企业管理者为员工制定的指标体系。但OKR对员工来说是一种引导式的激励体系，能够使员工集中在一起，共同为企业目标而努力奋斗。

相较于KPI，OKR更能加强员工之间的沟通与协作。OKR是企业管理者将自上而下与自下而上两种方式结合而制定的。在制定过程中，企业上下级员工能够实现有效沟通，同时员工的诉求也可以在一定程度上得到满足。而OKR的更新与检验过程也必须通过上下级的充分沟通，这些都是激励员工、调动员工工作积极性的有效手段。

KPI的制定目的是考核员工是否完成了关键指标，员工的工作内容都是设定好的。OKR则着重于激励员工自主地发挥主观能动性和创造力，关键结果强调的是结果而不是工作内容，员工在工作过程中具有很强的自主性。

总之，OKR的目标是有野心的、有挑战难度的，能为企业发展建立野心与现实之间缺失的联系，继而激励员工充分发挥自己的主动性去完成目标。

共创OKR的思路

OKR讲究企业上下共创目标，从而使企业中的每个人都能明确企业目标，明确工作目的。下面提供几个共创OKR的思路，分别是以终为始的思考习惯、平衡计分卡、MECE分析法[①]。

[①] Mutually Exclusive Collectively Exhaustive，意为"相互独立，完全穷尽"。——编者注

以终为始的思考习惯

共创OKR的第一要务就是形成以终为始的思考习惯，这与OKR的特点有关。实施OKR需要确定最终目标和关键结果，目标在一段时间内是不可更改的，当这个目标的关键结果完成后，目标也就完成了。也就是说，在实施OKR的过程中，我们需要先确定终点，再根据终点灵活选择到达终点的方法。

以"阿尔法狗"为例，它就是运用以终为始的思路进行决策。人类做决策的过程会受情感、情绪的影响，而且只关注当下，目光不长远，所以决策质量不高。而"阿尔法狗"做决策时，不会受过去错误经验的影响，始终以"赢"为唯一的准则来思考如何落子。所以，有时人类棋手觉得不合理的布局，其实是"阿尔法狗"以终为始思考的结果。

管理者在企业中推行OKR也要养成以终为始的思考习惯，做好顶层设计，基于对人性的假设、目标市场的理解、用户需求的把握、竞争格局的认知，通过系统分析设定好终极目标，罗列出主要矛盾，预见潜在问题和风险。从而根据目标配置资源，缺什么补什么，倒推各个部门的分工，让每个员工都能知道自己需要扮演好什么角色。要养成以终为始的思考习惯，企业管理者要注意以下几点。

（1）逆向思维逻辑

以终为始是一种逆向逻辑思维，与"摸着石头过河"的理念正相反。以终为始要求管理者先想好整个计划之后再行动，并通过预演实验，降低风险。

（2）系统化思考的经营理念

管理者要对企业经营有系统化的思考，以打造企业健康发展生态链为目标，走建立行业壁垒的发展道路，避免"头痛医头，脚痛医脚"，只顾当下，忽视全局。

（3）利他化的双赢策略

管理者要基于利他主义去运营企业，挖掘用户未被满足的需求，从而引导用户消费，而不是一味用低价吸引用户购买产品。

（4）剧本化分工

战略目标能否落地取决于执行力，而提高执行力的关键在于让每个人都清楚自己在总战略中扮演什么角色，做什么事情能推动总战略落地，从而主动创造价值。

（5）图形化描述的沟通方法

提高沟通效率的关键是让全体员工达成共识。管理者可以在共创的过程中多使用图形化的描述和生动的图片，用通俗易懂的视觉语言，让员工在脑海中形成画面。

平衡计分卡

科莱斯平衡计分卡是由哈佛大学教授罗伯特·卡普兰和诺朗顿研究院的大卫·诺顿提出的一种员工考核方法。当时，这两位著名的研究者想要找出一种超越传统的以财务量度为主要衡量标准的绩效评价模式，于是，科莱斯平衡计分卡就诞生了。

平衡计分卡的理论认为，财务指标具有局限性，还不具备前瞻性。所以，公司应从财务、客户、运营、学习四个维度衡量自己的发展战略，如图2-1所示。

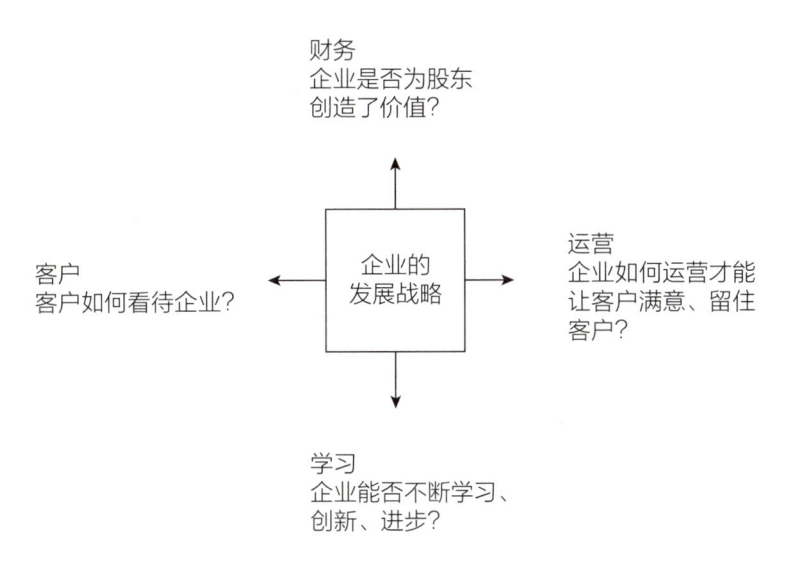

第2章 OKR为何能成为现代企业管理的新选择

```
                    财务
                    企业是否为股东
                    创造了价值？
                         ↑
                    ┌─────────┐
  客户              │  企业的  │              运营
  客户如何看待企业？ ←│ 发展战略 │→ 企业如何运营才能
                    │         │              让客户满意、留住
                    └─────────┘              客户？
                         ↓
                    学习
                    企业能否不断学习、
                    创新、进步？
```

图2-1 从四个维度衡量公司的发展战略

平衡计分卡从这四个维度出发对公司的绩效管理进行了全面评价，既避免了以往仅依靠财务评估而出现的迟滞性、短视性以及局限性等问题，又能科学地将公司的战略管理与绩效管理统一起来。

平衡计分卡的具体实施步骤如下。

第一，以公司发展战略为指导思想，兼顾综合与平衡，依据公司的组织架构，将公司的战略目标细分为各部门在财务、客户、运营、学习四个方面的具体目标。

第二，依据各部门在财务、客户、运营、学习四个方面的具体目标，确立相应的绩效评估指标体系。这些指标需要围绕公司的发展战略来制定，平衡公司的长期发展与短期目标、内部利益与外部利益，综合考虑财务与非财务两方面信息。

第三，由所有部门共同拟定各项指标的评分标准。通常将各项指标的期望值与实际值做对比，确定误差范围，从而制定出评分标准。考核周期一般是一个季度或一个月，公司对各部门在财务、客户、运营、学习四个方面的工作目标完成情况进行综合评分，根据评分适当调整战略方向，或调整原定工作目标与绩效评估指标，确保公司的发展战略顺利实现。

总的来说，平衡计分卡追求的是公司全方位的平衡，即财务标准与非财务标准的平衡、长期发展与短期目标的平衡、结果与过程的平衡、管理与运营的平衡等。因此，平衡计分卡能够反映公司的总体状况，使公司的绩效评估体系趋于平衡和完善，这正是共创想要得到的结果。

MECE 分析法

为了让管理者和员工在共创的过程中能更高效地思考问题，以及提出解决问题的对策，在此介绍一种问题分析方法——MECE分析法。

MECE的中文含义是"相互独立，完全穷尽"。它是由麦肯锡咨询公司的一名女咨询顾问根据金字塔原理提出的一个重要原则，是指对问题进行分类、分层思考，从而找出问题的核心，并为之提出解决措施。

MECE分析法是一种较有条理的思考问题的方法，它可以帮助企业找到业务中存在的最本质的问题。在通常情况下，运用这种理论思考问题时，参与共创的人需要借助鱼骨图，或者结合头脑风暴法，快速地找出问题的关键所在，从而给出解决措施。

运用MECE分析法分析问题可分为三步进行：第一，明确需要解决的问题（试着将这一问题分解为若干个子问题）；第二，将影响该问题（或子问题）的因素一一罗列出来；第三，检查所罗列的因素是否正确、完整，如图2-2所示。在这一过程中，参与共创的人可以互相请教，或者参考其他资料。

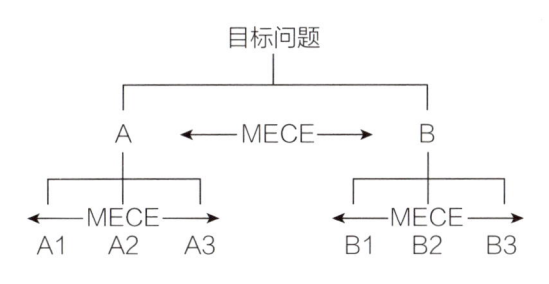

```
            目标问题
        ┌──────┴──────┐
        A ←— MECE —→ B
     ┌──┴──┐      ┌──┴──┐
   ←—MECE—→     ←—MECE—→
   A1  A2  A3   B1  B2  B3
```

图2-2　MECE分析法

共创是一个从整体到局部的过程，需要参与者做到不遗漏、不重复，想到问题的各种可能性，系统地制定目标。而MECE分析法可以帮助参与者有效地把握问题的核心，清晰地梳理影响因素，确保共创能针对一个问题提出解决方案。

管理案例：当下利益与长远目标

很多初次接触OKR的团队，非常喜欢纠结于KPI与OKR的区别。甚至有些团队在推进OKR后，团队成员因为KR的缘故会抱怨：OKR与KPI没区别，还是重视结果。在VUCA[①]时代，每个个体及组织所要面临的挑战之一就是学会接受。因为事物不再是二元对立，非黑即白，而是多元交融，兼收并蓄。在此分享一个游戏开发团队结合使用KPI与OKR的案例。

游戏完整的生命周期包含孵化期、立项期、制作期、调优期、发行期几个主要的阶段。孵化期的主要目标是提炼产品的核心概念，确定核心卖点、买点、美术风格，制作工艺验证程序，论证产品的核心竞争力及实现

[①] 是volatility（易变性）、uncertainty（不确定性）、complexity（复杂性）、ambiguity（模糊性）的缩写。——编者注

的路径。立项期的主要目标是论证产品的商业化前景、核心竞争力、产品的可实现性及团队能力。此时团队规模比较小，工作的内容也比较偏定性的，OKR的主要功能是帮助核心成员在认知与理解层面上达成统一。

到制作期，团队的规模会扩大。制作期的主要目标是依据产品核心竞争力制作主要的原型产品、工具，完成核心功能制作，如新手正式版本、美术资源铺量等。此阶段，公司会对制作人提出测试指标，通过综合吸量能力、新手留存、中长期留存和付费率等指标去评估整体收入规模是否达到合格产品的标准。只有达标才可以通过制作期，进入后面的开发流程。此时，这些测试指标就是KPI。制作人会把这些指标作为阶段目标，同步给团队所有成员。

各个成员拿到这些指标并不清楚自己需要做些什么，特别是负责技术与美术的成员并不知道如何将自己的工作与这些指标关联。于是，出现成员被动等待工作任务的现象。同时，指标也无法直接拆解。团队成员需要将产品按既定的玩法与风格制作出来，在这种情况下，就需要引入OKR目标管理法。

为了完成这些测试目标，产品负责人要与大家共同探讨以什么样的路径及策略完成，并聚焦于几个方向性目标。基于此，各个职能再完善及制定具体的KR。这样，产品的生产过程才是一个整体，大家才能够找到职能之间的关联性，例如产品、技术与美术人员应当如何协作。而了解了整体聚焦方向，大家就更容易参与讨论，并给出自己的思考意见，这样团队氛围才能变得更活跃。

总的来说，绩效目标是结果交付。制作人为了达成这个绩效结果，需要带领团队充分讨论制定出路径及具体的关键结果，这就是目标管理的过程（通过OKR来规划、达成共识及管理）。同时，为了达成绩效目标，制作人与团队成员可以制定更加激进的目标，留出弹性的迭代、变通空间，以确保产出更好的结果。

第3章

关键目标（O）：催生工作积极性的燃料

OKR中的"O"代表关键目标，它是企业一切工作的风向标和落脚点。一个优质的关键目标可以调动员工的积极性，让企业内部上下一心，协作共赢。

第3章　关键目标（O）：催生工作积极性的燃料

如何制定关键目标

关键目标并非随意制定，它也需要满足SMART原则，即关键目标是具体的、可衡量的、可达到的、与其他目标具有一定相关性的以及具有明确截止期限的。

清晰且表达有效

某互联网公司人力资源部的目标是"提升员工的工作能力"。这种目标描述得就很不明确，因为"提升员工的工作能力"是一个很模糊的说法。而诸如加强对员工业务技能的培训，将过去的80%的员工培训率提高到90%，这就是一个明确的目标，能够在一定程度上提升员工的工作能力。而且如果目标没有明确的时间限制，就会导致目标的实施计划进展缓慢，甚至会导致计划流产。

有效的关键目标必须是明确的，必须确定好在什么时间内做好什么事，预估这个目标需要达成的具体效果。因此，该公司的人力资源部可以将目标改成"在月底前完成50%员工的培训""下个月月底前完成100%员工的培训"等这种清晰、明确的目标。

下面通过一个经典案例进行详细说明。一群各方面条件都旗鼓相当的年轻人被哈佛大学作为"目标因素对人生的影响"这一课题的跟踪调查对象。研究人员将这些年轻人分为四种类型，即没有目标、有目标但目标模糊、目标清晰但短期、目标清晰且长期。

经过25年的跟踪调查，那些目标清晰且长期的人，在25年间朝着所定的方向不断奋斗，最后几乎都成了成功人士；那些目标清晰但短期的人，也都生活得很好；而那些有目标但目标模糊和没有目标的人，在25年后，只是在自己的工作岗位上怨天尤人，并没有获得突出的成就。

从调查中可以得出结论，清晰的目标对未来人生有着重大的影响，起着巨大的导向作用。选择什么样的目标，并为之坚持，就会拥有什么样的人生。

企业也是如此，企业管理者在制定OKR时，首要任务就是要清晰地阐述O的内容，只有这样，企业的各个层级才能聚焦于一个目标开展工作。反之，模糊不清的O只能阻碍企业的发展。

明确的目标是以时间、地点、人物等各方面能具体化的因素为标准。例如企业本月要完成10万元的订单，甲、乙、丙3个团队各应完成多少；某企业销售部门的目标为某年年底完成1500万元的销售额，这项目标也是明确的。

即使在刚开始制定OKR时O是明确的，也可能会因为企业上一层级没有明确地将目标传达给下一层级而导致其产生模糊不清的O。因此，在目标被分解的过程中，上下层级之间要加强沟通，同时，企业管理者也要根据各层级分解的目标来推导企业目标能否被顺利完成。

所谓明确就是指企业管理者制定的O必须能用具体、详细的语言明确、清楚地阐述出来。在企业管理者明确O的具体内容时，必须要做到以下两个方面。

第一，将目标量化。一个可量化的目标可以有效地提高员工工作的积极性，让员工的工作更有效率。企业管理者需要将目标量化，帮助员工明确他们的工作目标。

例如一个销售团队制定了本月销售额达到100万元的销售目标，那么，如何将整个团队的目标分解到每个员工身上？每个员工的目标销售额具体为多少？每个员工应如何根据自己当月的销售任务来确定每天和每周的销售计划？这些问题都是企业管理者需要考虑的，企业管理者需要帮助员工量化销售额、合理安排工作。对目标进行分析、量化，能让员工厘清思路，明确OKR实施过程中的每一步。

第二，制定的目标要合理。企业中的每一个团队都有自己的长、短板，企业管理者要根据企业各层级员工具体的工作能力给其制定合理的目标。如果企业管理者把目标制定得太大，会使OKR的实施过于艰难；而如果企业管理者把目标制定得太小，没有挑战性，就难以激发员工工作的动力，同时还会造成企业资源的浪费。

有衡量标准

除了明确以外，可衡量也是评判目标有效的一个指标。然而，很多企业管理者设定的目标并不是可衡量的。那么，究竟如何才能让目标变得可衡量？企业管理者需要从以下三个方面着手，如图3-1所示。

- 有一组明确的数据
- 实现定量计量
- 把握五个要素

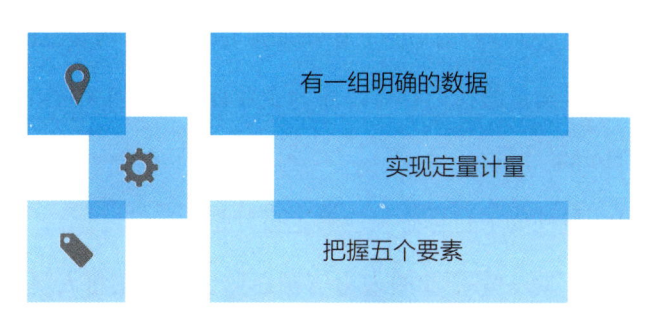

图3-1 衡量目标的方法

（1）有一组明确的数据

可衡量的目标应该有一组明确的数据，这组数据可以作为衡量目标是否顺利达成的依据。如果设定的目标没有办法衡量，就无法判断员工的工作表现。

例如，某销售团队为员工设定的目标是"本月完成50%的销售额"，这个目标只是一个概数，根本没有办法衡量，所以加大了对员工工作结果进行评估的难度。当该企业管理者把目标量化以后，对员工进行OKR评估时就变得有据可依，评估难度也大大降低，如表3-1所示。

表3-1 某企业目标转化方式及考核依据

维度	目标转化描述	考核依据
数量	每月召开质量协调会议一次 每周都要对重点部门进行质量巡检 × 次	会议记录 巡检记录
质量	产品质量达标率要在 ×% 以上 质量管理体系年审复核通过	客户评议 年审记录
时间	出现任何质量问题，都必须在 × 天内解决 每月 × 日上交本月质量分析报告，报告符合要求	质量记录 分析报告
成本	质量问题造成的损失必须控制在 × 元以内	财务统计

如表3-1所示，该企业把目标从数量、质量、时间、成本四个维度进行细化，并且对每个方面的目标进行了明确规定，使得目标的各个方面都是可衡量的。这些可衡量的目标都可以作为企业评估员工工作结果的依据。

（2）实现定量计量

目标的可衡量性要求目标必须能够定量计量。

张鹏（化名）是一家企业的人力资源总监，他为销售人员设定的目标为"做好销售工作"。但是，该目标实际上没有办法衡量，很难判断销售人员究竟有没有达成目标。

过了一段时间后，张鹏问销售人员："为你们设定的目标，你们达成了吗？"大多数销售人员都表示已经顺利达成目标。但是经过检验，张鹏却发现销售人员的工作结果与他的期望相差甚远。

这正是张鹏与销售人员对目标达成所产生的一种分歧，原因就在于员工没有接收到一个定量的、可以衡量的目标数据。

但是，如果张鹏设定的目标是"在5月底完成100万元的销售额"，情况就会有很大不同。因为这样的目标不仅可以衡量，还非常具有指导意义。

因此，要想确保目标是可衡量的，就必须为目标定量，使目标能够被计量。对企业管理者来说，在设定目标时，应确保目标是定量的、能够被计量的，这不仅有利于员工明确自身的工作，还可以为评估提供一个统一的、清晰的、可度量的标尺。

（3）把握五个要素

在制定可衡量的目标时，应该保证目标在哪些方面是可衡量的。有效的目标在数量、质量、时间、成本、上级（或者客户）满意程度方面都是可以衡量的。如果目标太大无法从这五个方面来确定衡量标准，那么，可以先将目标细化，然后再从这五个方面确定细化目标的衡量标准。

总之，无论是对员工，还是对企业来说，可衡量的目标都非常重要。一方面，可衡量的目标可以为员工顺利完成工作提供指导，激发员工的工作积极性；另一方面，可衡量的目标也可以帮助企业更好地进行OKR评估，确保评估结果公平公正。

远大且可执行

小李是一家互联网公司的市场部经理，该公司的App日均访问量在3000人次，最高的时候也就在4000人次左右。小李为了提升自己的业绩，在没有做任何考虑的情况下，就给市场部门制定了"一个季度新增访客上涨70%"的目标。

这个目标一经提出就引起了众多员工的不满，整个部门顿时怨声载道。到了季度末，小李发现，该App的新增用户不仅没有增多，甚至还有一些减少。

小李制定这样的目标根本没有考虑部门的实际情况，完全是为了自己的业绩而制定出一个极高的目标，最终取得不好的结果也就不难理解。

因此，企业管理者制定出的目标应该是既能让员工的工作非常充实，又符合可实现性的原则。企业管理者要想制定出一个可以实现的目标，应该充分考虑各个方面的实际情况，并在此基础上，多征求员工的意见，让他们参与到目标的制定过程中去。

这里所说的可实现性，指的是在权衡人力资源、范围、产品种类、成本等多方面因素后而得出的数据目标。这个目标必须是实际的、可以实现的，不能脱离现实随意制定。

在制定目标的过程中，非常容易出现的一个错误是企业管理者不仅只按照自己的意愿制定目标，还跟手下员工宣称"我不管你们的工作过程，只要实现目标就行"。这样制定目标的方式非常简单粗暴，企业管理者只看重公司效益，根本不关心员工是否有相应的完成目标的能力。这样不仅不能激发员工的工作积极性和工作热情，反而会让他们产生负面情绪，导致其工作懈怠。

因此，企业管理者在制定OKR时，一定要在掌握话语权的基础上，对目标的合理性和可实现性进行认真分析。企业管理者需要保证目标是可实现的，只有可实现的目标才能够被员工所接受。如果企业管理者滥用职权，制定出一个非常不切实际的目标，还要强制员工去完成，员工就会在心理和行为上产生抵触。后果就是员工虽然接受了这个目标，但是目标能不能完成并不能保证，而一旦没有完成这个目标，员工也会不以为意，因为他们从一开始就觉得目标根本完成不了。

企业管理者对目标的可实现性进行分析不仅能够充分考虑员工的工作能力，还能纠正自己的思维误区。在制定目标时，有不少企业管理者对企业实际情况的估计都太过乐观。例如，高估员工能力、企业发展现状、行业市场状态等。在这种情况下，他们也十分容易制定出一个脱离实际的目标。如果企业管理者对目标的可实现性进行分析，就会避免因对企业现状过于乐观而制定出难以实现的目标。

此外，企业管理者在关注目标的可实现性时，也要表现出自己的野心。这意味着企业管理者不能单纯为制定出一个可实现的目标而把目标设定得过于简单，而应在保证目标可实现的前提下，将目标设定得尽可能长远。

与整体战略相关

一位互联网公司市场部经理提出"将App的日新增注册用户提升10%"的目标，已知该公司目前日新增注册用户为100人，推算下来，也就是每天需要增加110个新注册用户。这个目标虽然只比之前多了10个用户，但需要投入巨大的成本去调整内部和外部渠道的曝光次数、广告、软文的流量变化等。

如果只关注这10个新用户带来的收益，那么，这个目标并不实际，因为投入比回报明显高出很多。但如果从扩大品牌影响力、提升市场占有率等角度看，远高出收入的投入就是值得的。因为日新增注册用户提升10%这一目标与该公司"提升市场占有率"的发展战略十分契合，能够更好地提升App的关注度，同时也让公司处于更有利的竞争地位。

有效的目标必须具有相关性，这种相关性表现在两个方面：一方面是设定的目标必须与企业战略具有相关性；另一方面是设定的目标必须与员工具有相关性。

第一，设定的目标必须与企业战略具有相关性，即目标服务于企业总体目标。设定的目标与企业总体目标的相关性越强，其正确性也就越高。第二，有效的目标是与员工相关联的，员工是执行计划、完成目标的主体。因此，企业管理者在设定目标时必须充分考虑到员工的工作能力、工作特点等因素。与企业战略和员工相关度越高的目标也就越合理。

有效的目标是与战略对齐的，在OKR的制定过程中，目标是被一层层分解的，而与战略对齐的目标才能够保证目标方向的正确性。同时，与战略对齐的目标才能够确保企业战略的最终实现。

兼顾工作进程与时限

有效的目标必须有时间限制。如果目标没有时间限制，就无法对目标的完成度进行准确评估。同时，企业管理者和员工对目标完成的速度就会有不同的认识，也不利于不同部门、不同流程之间的协调。

例如，一些企业会出现企业管理者对工作进度十分着急，但员工并不知情的问题，或者出现某部门的工作十分急迫，但其他部门并没有及时配合的问题。这并不是员工或者部门的问题，而是由于目标时限设置得不明确，导致企业管理者与员工和不同部门之间对目标完成时限产生了认知分歧。

有效的目标要有明确的时间限制，目标的时间限制能够引导企业各部门、员工合理安排工作，从而提高工作效率。企业管理者在设置目标的时间限制时，可以从以下三个方面出发。

（1）判断不同工作的权重

企业管理者不仅要从全局出发判断各部门不同工作的权重，还要站在不同部门、不同员工的立场上，判断其所肩负的不同的工作权重。通过分析不同部门、不同员工工作的权重，企业管理者才能够合理地为其目标设定时限。

（2）判断工作的轻重缓急

企业管理者需要判断不同工作的轻重缓急，明确哪些工作需要尽快完成，哪些工作可以适当延后。目标的时限性根据工作的轻重缓急来判断也会更加合理。

（3）公布目标的时间限制

设定好目标的时间限制后，企业管理者需要将目标的时间限制公布在办公室的告示板上，或通过会议、邮件等形式提醒员工，以便让员工深刻地了解工作的时限，进而有计划地展开工作。

目标必须是有时间限制的，企业管理者可以通过判断不同工作的权重和轻重缓急来合理地设定目标的时间限制。同时，企业管理者在设定目标的时间限制时，需要确保其能够与各部门、员工的工作日程吻合。

很多企业的目标期限和企业的工作进程存在冲突。一些企业管理者在设定目标时限时，没有考虑企业的工作进程，也有一些企业管理者在安排企业工作进程时，忽视了工作的目标时限。企业管理者在设定目标的时限时，需要充分考虑企业的工作进程，两者兼顾才能避免冲突的产生。

设定目标的四大误区

在制定完目标后，很多企业的执行效果并不理想。这是因为企业陷入了制定目标的误区，使得目标不仅没有为企业指明方向，反而因为空泛、与业务不匹配、没有挑战性等，打乱了目标的完成节奏。

目标空泛

大而全的目标能够为企业的发展指明方向，但许多企业为促进自身的全面发展，会设定一些空泛的目标。这样的目标完成起来十分有难度，对于企业管理、企业的资源和协作能力都会提出更高的要求。因此，对一些初创公司或者处于发展转型期的公司来说，并不适合设定此类大而全的目标。

大而全的企业目标在实现过程中容易产生很多问题，具体内容如图3-2所示。

> 1.目标过大，会使企业的OKR中的关键结果过于分散
> 2.关键结果过多，OKR最终完成效果差
> 3.OKR实施模式多样，无法系统化

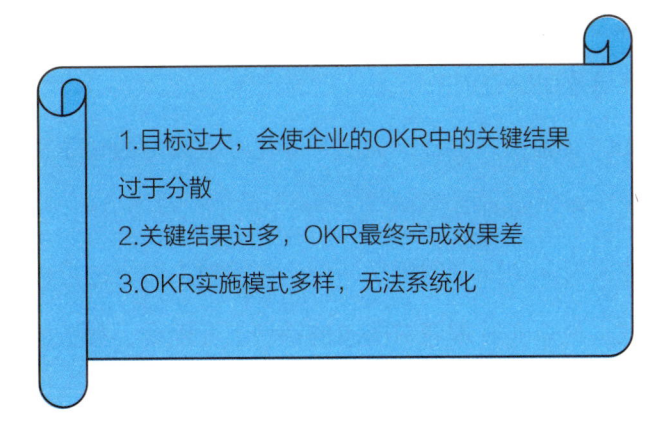

图3-2　大而全的企业目标容易产生的问题

首先，过大的目标势必要分解为更多的关键结果，这会使得关键结果过于分散，大大降低OKR完成的效率。

许多发展成熟的大型企业会设定大而全的目标，是由于其具有完善的公司结构和丰富的资源，企业可以将目标分解到各个业务部门再纵向分解到各层级，通过细化分工来提高OKR的完成效率。

但是小型企业的资源有限，根本无法同时兼顾多个部门的工作，这就会导致在OKR的实施过程中人力、物力在各种项目工作中无法细化，有时可能要一人身兼数职。人力、物力资源的缺乏会导致OKR的完成效率低，工作质量也不能得到保证。

其次，关键结果过多，OKR最终完成效果往往比较差。大而全的目标会导致关键结果过多，这些过多的关键结果会分散企业的资金、人力、物力等资源，可能会使得一些关键结果得不到充分的资金和资源的支持，从而导致OKR完成效果差。

同时，关键结果过多，企业管理者在设定KR时也难以保证关键结果的方向，可能会设定一些与企业目标关联度不大或者与企业目标方向并不十

分吻合的关键结果。在执行这样的关键结果的过程中，员工工作的方向会被扰乱，最终导致OKR完成效果差。

最后，OKR实施模式多样，无法系统化。大而全的企业目标会产生多样的实施模式，在不同的模式下，参与其中的部门也会有所不同。

如果企业没有一个完善的组织结构，在实施大而全的目标时，过于繁杂的OKR模式会使企业管理者对OKR的管理十分困难，甚至还会造成企业管理的混乱。

总之，如果企业当下能力还略显不足，就无须追求目标的大而全。对处于发展初期的企业来说，建立小而精的目标才会更好地集中各方资源，打造企业的优势。

目标与企业、业务不配套

企业管理者在设定目标时，需要考虑目标在实施过程中与企业系统的配套性。每一个目标在完成过程中都需要各层次、各子系统的协调、配合。在设定目标时，企业管理者需要考虑三个方面的配套需要。

（1）目标层次间的配套性

企业管理者在设定目标时，需要考虑目标层次间的配套性。完整的各层次目标包括企业目标、部门或项目目标、员工目标，这三个方面目标的设定都需要企业管理者格外关注。虽然在目标设定的过程中，员工的意见和建议很重要，但是企业管理者也需要在分解目标的过程中对各层级目标的设定进行监督和检查，以保证企业整个系统目标的统一性。

（2）职能目标间的配套性

企业管理者在设定目标时，需要考虑职能目标间的配套性。为完成企业总目标，企业管理者需要为各管理职能明确合理的目标。这些目标体现在经济效益、技术进步、产品质量、团队建设、人才培养、市场占有情况等多个方面。为确保各职能目标间的配套性，企业管理者需要明确各管理职能目标的主要内容和权重。

（3）时间的配套性

企业管理者在设定目标时，需要考虑时间的配套性。为明确目标、保证目标顺利实现，企业管理者需要把总目标的完成过程划分成几个阶段，如长期目标、中期目标、短期目标等，使总目标的完成在时间上能够衔接。

总之，企业管理者在设定目标时，需要考虑企业各层次、各职能部门间目标的配套性。同时，在为总目标划分时间段时，也要考虑不同时间段的配套性。

目标没有挑战性

为了更好地激发员工的工作积极性，OKR的目标需要具有挑战性。目标的挑战性主要体现在以下三个方面。

（1）愿景与目标

愿景是对企业未来预期目标的描绘，OKR拉近了企业与愿景间的距离。例如企业目标可以是"研发出一款在行业内有影响力的产品"或"本季度销售额提升80%"。OKR的目标是有野心的、让人感到既焦虑又兴奋的。

（2）定性与定量

OKR的目标不一定全是量化的。由于企业目标与企业愿景更接近，因此企业管理者可以用定性的语言来描述企业目标。而部门目标和员工目标来自对上级目标的承接和分解，因此更需要被定量。

（3）目标的承接和分解

下一级的目标可以来源于上一级的目标或上一级的关键结果。在目标的承接和分解中，同样可以体现出目标的挑战性。

来源于上一级的目标：如上一级的目标为"本季度销售额提升80%"，下一级的目标可以分解为"本季度A地区的销售额提升100%"。在对上一级目标进行分解时，可以在其分解的基础上增强目标的挑战性。

来源于上一级的关键结果：如为了达成"研发出一款在行业内有影响力的产品"的目标，上一级设定了"产品新用户在一个月后的留存率不低于50%"的关键结果。研发部门可以据此分解上一级的关键结果，设定目标为"每月进行不少于一次的重大更新"。

OKR的目标是具有挑战性的，企业目标是依据企业愿景而定的，是有野心的。在描述企业目标时，为表现其挑战性，企业目标可以是不定量的，但企业管理者要对其进行定性。同时，在目标承接与分解的过程中，目标的挑战性因素也是存在的。

目标自上而下制定

在传统的企业管理中，企业管理者在设定各层级的目标时，多采取自上而下的方法设定目标。在目标设定的过程中，企业管理者是唯一大脑，员工只需要按照企业管理者的指令去执行操作。员工不会参与目标的设定，对员工而言，唯一重要的事情就是提升自己的执行力。

实施OKR的一个非常重要的目的就是激发员工的创造性，因此，除了自上而下的目标设定方式，OKR也强调在设定目标时必须通过自下而上的方式表现出员工的建议和诉求。例如，谷歌60%的个人OKR都是员工自己制定的。如果员工拥有设定目标的自主性，那么，员工就可以在目标的设定中贡献自己的智慧。

如果员工自己设定目标，那么如何保证员工目标和企业目标具有一致性？

第一，每个部门中都存在一些明确的OKR，这部分OKR是直接承接企业目标且部门必须完成的OKR。

第二，员工个人OKR是在部门成员充分沟通的基础上制定的。在个人OKR制定的过程中，部门成员会一起讨论制定部门的部分OKR，然后每个员工再对整体的部门OKR进行分析，确定自己能够做到的工作，以此制定出个人OKR。

这种自下而上制定目标的模式充分发挥了员工的自主性，增强了员工对结果的责任心，有助于其在工作中发挥主动性，激发创造性。同时，员工参与到设定目标的过程中能够使其更容易对目标达成共识，有利于OKR实施过程中员工间的充分沟通与高效协作。

管理案例：KPI与OKR结合使用

如何取舍当下利益和长远目标是很多企业（特别是传统企业）面临的一个难题。在企业内推行OKR并不是一蹴而就的，需要一个很长的周期，而且团队内的成员需要不断磨合、适应新的工作方法。在这个过程中，企业当下的利益很有可能会受到影响，是放弃调整，巩固当下利益，还是忍受阵痛，聚焦长远目标，这成了企业管理者需要慎重考虑的问题。

诺基亚最早提出了智能手机概念，并对外宣称自己是一家互联网公司。它参考了电脑和传统互联网的发展模式，想把手机做得像电脑一样强大，并不断尝试将键盘、鼠标、桌面等电脑元素运用到手机上。

直到2007年，苹果公司的iPhone问世了。苹果公司推出了平铺桌面，用虚拟键盘代替了实体键盘，让手机变得更小巧、轻薄、智能。它还用App Store聚集了无数软件开发者，颠覆了智能手机概念。

iPhone经过2007—2009年三次迭代，最终依靠第四代iPhone在手机市场打响了名号，向原手机霸主诺基亚发起了挑战。

苹果与诺基亚之间的竞争看似是新老品牌的竞争，实际上是新老品类的竞争。因为随着技术的进步，手机能实现的功能越来越多，而iPhone可以算是分化出的新品类，即智能手机。诺基亚作为智能手机的开创者，却未抓住这一机会主动分化品类，而是选择了巩固既有机型。相反，苹果则做了一些权衡和取舍。它为了达成客户认可度这个长远的目标，选择牺牲了电池寿命和产品的耐用程度两个当下的绩效指标。虽然按照诺基亚的标准，苹果手机的质量一般，但苹果瞄准了更长远的目标，为企业未来的发展打下了基础。

腾讯全资收购的一个科技团队的创始人曾说过："我用OKR的目的从来不是希望团队在几个月内就学会如何对齐目标，我希望通过12～18个月的时间，打造一支全新升级的二次创业管理团队，哪怕这期间出现业务倒退或者效率降低也在所不惜。"

第3章 关键目标（O）：催生工作积极性的燃料

如何延长企业的生命周期是企业当下需要思考的一个重要问题，当今世界充满了不确定性，新技术、新方法、新模式不断涌现。企业的平均生命周期只有十几年，很多企业像流星一样转瞬即逝。所以，在这种不确定的环境下，企业要始终保持战略方向的正确性，聚焦战略目标，以长期理念应对一系列的变化和挑战。这就是OKR理念对企业来说所拥有的巨大价值。

第4章

关键结果（KR）：保证团队执行力的工具

OKR中的"KR"代表关键结果，它是保证团队执行力的有力武器。可量化是制定KR的最大准则，只有可量化的结果才能推动执行，帮助团队达成目标。

如何制定可量化的关键结果

高质量的关键结果一定是可量化的，它可能是一个具体数字，也可能是一个数字范围，只有能用数字去衡量的关键结果，才能指导团队行动，达成目标。

设置量化基准线

上海的一家互联公司想要提升App的美观度和页面流畅度，但该公司的设计部并没有建立一套完善的产品美观度和页面流畅度的评价方法，因此这一指标也就无法量化。为了能够将工作结果量化，该公司设计部首先应将关键结果设定为"建立产品美观度和页面流畅度的评价标准"。

在此基础上还可以制定其他的关键结果：

①制定产品美观度衡量标准；

②制定页面流畅度衡量标准；

③月底完成两个迭代周期产品原型。

这就是典型的基准线型关键结果的量化，制定这种类型的关键结果是为了得到初始的指标值，以便将此作为以后的参考数值。基准线型关键结果的量化是一个从0到1的过程。

基准线型关键结果量化要求企业管理者在设定关键结果的过程中先找出影响某一关键结果的核心因素，然后再整合这些影响因素制定一套相应的体系，在制定下一个OKR时，就可以在此基础上进一步完善。

在上述问题解决后，该公司的人力资源部也设定了关键结果的量化指标。在设定关键结果之前，人力资源部收集了以下相关数据。

①现阶段有多少员工是通过内部渠道晋升的？所占比例是多少？

假如目前企业30%的管理层员工是通过内部渠道晋升的，70%是外部招聘的，人力资源部就可以针对这一内容，设定关键结果为"在下一季度将内部晋升的比例提升15%"。

②企业每年退休的员工比例是多少？

假如有15%的企业员工将在当年年末退休，超过20%的企业员工将在2年内退休，超过25%的企业员工将在3年内退休。那么，该企业人力资源部就知道招聘新人的周期是多少。人力资源部可以将退休比例的30%作为基线数据，以此来避免面临企业职位高空缺的风险。

③整个企业员工的流失率是多少？

人力资源部需要对企业的人力资源进行盘点，识别企业潜在的高质量员工。把高端人才保留率与企业内部的整体员工保留率做一个对比，以保证高端人才的保留率保持在较高水平。获得这一基线数据对于实施人才激励计划和为企业保留高端人才等工作起着非常重要的作用。

例如，公司业绩优秀人才保留率为80%，企业内部整体的员工保留率为60%。即优秀人才流失率为20%，整体员工流失率为40%。优秀人才流失率明显低于整体员工流失率，说明公司竞争力比较强。

总之，在量化KR的环节中，企业管理者要明确OKR的成果评估标准以及关于OKR的基线数据，为所进行的项目和成本节约提供依据。

第4章 关键结果（KR）：保证团队执行力的工具

以数值增长为基础

深圳一家互联网公司想要制定新一季度的OKR，目标是提升整个企业的销售业绩，企业管理层经过研究，决定把第一季度的关键结果设定为：

①广告投放增长10%；

②产品订单增长30%；

③新客户增长50%；

④明星产品的销售量增长50%。

这种正向增长型的关键结果将公司的任务规定得十分明确。正向增长型KR是一种较为成熟的关键结果，它以数值的增加为基础，即"这一次要比上一次更好"。

以数值的增长为基础量化的关键结果是没有问题的。需要注意的是，很多企业管理者认为关键结果的最终数据呈现增长状态就已经达到了实施OKR的目的，但其实员工在工作中的状态不一定全部反映在这些量化的关键结果上，许多企业管理者都忽略了企业员工在团队中的协作能力、自身适应程度等因素。因此，企业管理者需要把员工的OKR放到组织中去分析，而不是仅凭简单增加数值为每位员工的OKR定性。

假如企业管理者只重数据而轻过程，很可能会忽略外力的影响而得出错误的结论。如果一位有潜力的员工因个人原因影响了OKR的进度，这时该员工的个人工作数据可能反映的是"他不适合这项工作"而不是"他可能遇到了某些问题"，这就体现了数据的片面性。

因此，企业管理者在进行关键结果量化的同时，不但要从项目场景、员工工作成果、工作效率等方面来观察数据的增长成果，还要从非量化性关键结果方面入手，深入了解项目调研、资源配置等内容。

总之，企业管理者在以数值的增长为基础量化关键结果时，关键结果数据的增长状态固然能够表明员工的工作能力，但当关键结果的进展出现问题时，却不一定代表着员工的能力有问题，因为外部因素对关键结果的进展也有很大的影响。

明确易出错的问题

北京一家保险类企业是这样设定KR的：
①客户流失率控制在15%以内；
②财务报表错误率控制在4个之内；
③客户投诉率控制在5%以内。

这种关键结果的量化类型可以归为反向控制型。反向控制型量化关键结果的目的是逆向规避风险。反向控制型量化关键结果要求在实施OKR的过程中，某一错误不能超过某一具体限度。

在量化反向控制型关键结果前，企业管理者应该思考以下问题：影响员工完成OKR的因素有哪些？其中哪些是必然因素，哪些是不良因素？如果OKR在规定时间内未完成，是否只是由员工的懈怠或错误导致的？

实际上，影响企业各层级员工完成OKR的因素主要有两个：一是个人因素，包括个人的能力水平、经验积累、敬业精神等；二是系统因素，主要是工作中的不可控制的外部因素，如工作流程出现问题、产品设计不合理、资源匮乏、客户违约等。因此，企业管理者在对关键结果进行量化时，可以根据这两大因素设定反向控制型量化关键结果。

企业管理者在设定反向控制型量化关键结果的过程中，所设定的关键结果一定要有针对性。企业管理者需要根据员工此前的工作找出工作中存在的问题，并根据这些问题来明确每项关键结果的内容。

在OKR实施的过程中，大方向的偏差往往是由于细节把握不准确。每项工作出现一点偏差，最终就会使结果离总目标越来越远。为避免这些错误的产生，企业管理者可以设定详细的反向控制型关键结果，反向控制型关键结果越详细，越能指导当下的工作。如此一来，企业的战略性目标会越来越有聚焦度，各层级的OKR完成度也会越来越高。

但需要注意的是，反向控制型关键结果阐述的是企业对某一错误的容忍程度，但是企业管理者也不能过于强调这一错误的负面影响。OKR是对公司、部门以及员工的一种指导，引导大家朝着一致认同的大目标前行。由于OKR在实施的过程中受多方面因素的影响，因此反向控制型关键结果的设定可能不是非常正确的。所以，企业管理者过于强调错误的负面影响是片面的。

总之，在工作要求方面设定一定的错误容忍度，也是OKR量化管理的体现。

设定反向控制型关键结果，往往是先设定管理者层面和项目层面的关键结果后，再设定企业内部流程层面以及各层级员工个人的关键结果。这样的顺序有利于企业管理者抓住OKR的主要矛盾以及主要矛盾的主要方面，以便更有针对性地解决好与关键结果密切相关的容易出错的问题。

设定好反向控制型关键结果后，企业管理者再从内部流程入手，更好地优化工作和提高工作效率。这样既顺应了先有目标再有行动的逻辑顺序，又能够避免盲目蛮干的错误的产生。

描述愿景

市场营销专业的程梦丽（化名）毕业后进入一家智能机器人公司做销售人员。在同学聚会时，一位老同学向她抱怨道："我们公司的绩效考核非常严苛，领导从来不给我们笑脸看，感觉精神压力好大。"还问起程梦丽公司的情况。

程梦丽介绍说，她所在的公司工作氛围比较轻松，公司为所有人都设定了OKR，她印象最深刻的就是公司的激励型关键结果。

比如部门经理的OKR就是"让我部门50%的员工月薪过万"。这样的激励型OKR很容易使人产生好好工作的动力。

程梦丽的OKR是这样的：

①把在销售中遇到的困难像扫地一样扫走；

②和客户一起排排坐，变成好朋友；

③像广告明星那样展示产品。

不难发现，趣味激励型OKR能够描述目标实现的场景，是非常有温度的，而且能够反映企业文化。设定趣味激励型OKR可以激励员工更好、更积极地完成工作。

一般情况下，企业管理者为了实现企业营业额上涨的目标，都会客观直接地阐述关键结果。但是趣味激励型OKR就不一样了。趣味激励型OKR可以在很大程度上改变原本严肃的工作氛围，为员工增添一些乐趣。趣味激励型OKR的魅力并非来自OKR本身，而是来自它所带来的整体体验。

从这个角度看，趣味激励型OKR并不要求关键结果必须以趣味的形式体现，只要它具备趣味要素即可。只要能够达到引导员工在执行关键结果

第4章 关键结果（KR）：保证团队执行力的工具

的过程中感受到乐趣和成就感，那就达到目的了。

另外，企业管理者还要考虑所设计的关键结果是否可完成。设定趣味激励型OKR最麻烦的一点就是关键结果看起来非常简单，但执行起来却很有难度。例如，趣味激励型OKR首先考虑的不是这样做的时间成本是多少，而是能否更好地完成。

趣味激励型OKR设定的意义在于它给员工描绘了一种愿景，同时也结合了企业自身的价值观和执行战略，既能激励员工积极地满足自我需求，又能充分体现企业的价值观。这种描述目标实现场景的趣味激励型关键结果可以使员工在OKR的实施过程中保持活力和信心，有利于员工更有质量地完成目标。

设置数量区间

一家刚刚创办的知识付费平台为了提高粉丝转化率，希望推广专员每个月能将粉丝的转化率提高到60%。但是推广专员除了提高粉丝转化率，每天还要安排时间去组织社群活动及线下推广活动。在这种情况下，要保证粉丝转化率达到60%，推广专员的工作量势必会超负荷。

考虑到推广专员的工作量，该知识付费平台设定了数量区间型关键结果，即每个月的粉丝转化率维持在45%~60%。由于明确了关键结果可接受范围的最大值和最小值，推广专员执行起来也更具灵活性。

类似的同类型关键结果还可以是：

①社群管理人员的每周工作时间在30~45小时；

②企业员工的离职率控制在3%~5%；

③包装成本占总成本的支出控制在8%~10%。

数量区间型OKR也可以称为实际成果区间记录法，其主要根据对各种项目、工作记录和其他记录的统计来收集反馈资料，并依据收集到的信息设定员工的关键结果，为员工划定某一具体工作项目可接受的任务量范围。数量区间型OKR也划定了企业员工工作成果的限定值。数量区间型OKR的特点是它可以划定企业对于某一目标的可接受范围，区间可以显示可接受目标的最大值和最小值。

上海一塑料加工厂为车间工人设定了数量区间型OKR。该塑料加工车间共分为三个区域，其中一个区域为塑料切割区，属于整个加工工艺中比较重要的工作区域。待切割塑料产品经过塑料切割工序时，工人虽然只需要按照仪器操作要求进行切割，但加工厂对产品切割的准确度要求较高。于是该加工厂在具体的量化考核中，设定了三个方面的关键结果，如图4-1所示。

- 数量类关键结果
- 质量类关键结果
- 合理化建议与技术革新成果

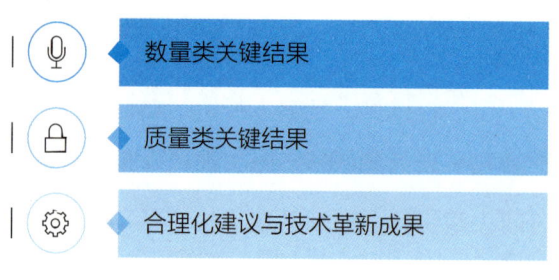

图4-1 数量区间型OKR三个方面的关键结果

（1）数量类关键结果

数量类关键结果以关键结果量化标准规定的塑料切割工人每个工作日要完成的固定的、有效的合格产品的数量为标准。同时，不合格的产品也要记录在OKR中。

另外，在数量类关键结果中还需要统计完成总工时、平均完成日工时、定额完成率或定额超额率等数据。

（2）质量类关键结果

塑料切割产品的质量是关键。为保证产品质量，在待切割的塑料产品被切割前，已有质检人员对待切割产品进行过检验，所以，到达切割工人手中的待切割产品都是合格的。

产品合格率是质量类关键结果的重要内容，包括优质品率、废品率、返修率等。

（3）合理化建议与技术革新成果

在量化关键结果时，该加工厂将工人提出的合理化建议与技术革新成果也都纳入其中，并制定了相应的数量区间型关键结果。

该塑料加工厂在以上三个方面为塑料切割工人设定了数量区间型关键结果。该案例表明，数量区间型关键结果主要适用于工作任务明确、稳定且成果能够量化表示的工作岗位。采用数量区间型关键结果时，企业管理者要注意记录与OKR有关的员工的关键结果，全面反映员工的工作实绩，从而划定可接受范围内的关键结果。

设定数量型区间关键结果的方法相对简单，所以，其比较适合那些流程规范、评估方式方便的工作。关键结果被执行的情况能够直接反映出员工的工作成果。

以里程碑为标志

浙江一家公司出售的音响是行业内的明星产品，销量非常高。另外，该公司还以音响的出租为主要业务。由于该公司在行业中长期处于垄断地位，导致其在近年的竞争中逐渐缺乏提高音响质量和性能的动力。

出租音响和提供音响服务是该公司的主要利润增长点。同时，该公司还建立了完善的售后服务体系，售后服务站遍布全国各地。当音响出现故障时，客户可以在各地的维修服务站就近维修音响，十分方便。该公司在产品及售后方面的优势，使得该公司的财务盈利始终在业界遥遥领先。

为了保持这种优势，该公司制定的战略目标为"要以行业内领跑者的身份继续占领优势地位"，同时将关键结果设定为"生产更多的音响""减少客户等待修理机器故障的时间"。

通过上述案例我们可以看出，为了制定公司的里程碑型OKR，提高企业员工的工作效率，该公司并没有强调绝对的关键结果量化。那么，企业管理者应如何设定里程碑型OKR？

企业管理者应在设定里程碑型OKR时首先了解企业的战略目标，企业的战略目标是影响关键结果设定的重要因素。企业追求的目标究竟是年销售业绩的增长，还是新产品的市场开拓？是公司资金实力的积累，还是员工福利的完善？这些目标与企业设定里程碑型OKR有着密切关系。

在设定里程碑型OKR时，企业管理者还可以将其分解为策略型关键结果，定义出从0到1的关键节点。里程碑型OKR可理解为目标完成过程中的关键点，该类型的OKR并不要求关键结果的绝对量化。

企业管理者在设定关键结果时还需要注意两个方面内容：一方面，企业管理者在设定以盈利为目标的关键结果时，要既能表现出公司过去取得的关键结果，也要为公司指出未来的发展方向；另一方面，公司在优势业务上赢得短期利润不是难事，但从战略发展的角度看，企业管理者在设定里程碑型关键结果时，还应对潜在的风险进行有效评估。例如同行竞争对手是否能够动摇本公司在行业内的领先地位？同行竞争对手的发展优势有哪些？本公司能够与同行竞争对手拉开差距的优势体现在哪里？这些也是企业管理者在制定里程碑型OKR时需要考虑的问题。

里程碑型OKR从整体上阐述了公司前进的目标，表示的是里程碑式的关键结果。里程碑型OKR还可以进行进一步拆分，即通过细化和量化关键结果来使OKR更好地被执行。

以评估成果为依据

一家企业的研发部门将关键结果定为"将用户体验满意程度提升到80%以上"。这里设定关键结果的关键策略就是围绕用户体验环节，评估出是哪一项指标影响了用户满意度，即"分析用户体验环节，评估影响用户满意度的指标"。

该企用到了过程策略型OKR，过程策略其实是一种数量定义，用来评估目标完成过程中所运用的关键策略。诸如此类的关键策略还可以这样制定：

①阐述用户使用规律，建立用户使用规律分布图，并用新用户加以验证；

②找出影响用户体验的关键因素。

过程策略型OKR是企业各层级针对自身目标所设定的关键结果，并对其进行评估的一种量化方法，主要用来评估关键策略。

过程策略型OKR以评估的成果为依据判断该关键结果的完成进度和质量，进一步确定企业及企业各层级员工的创造能力是否得到提升。

过程策略型OKR一般情况下适合那些具体的、能够让企业总结出规律的工作项目，比如用户使用产品满意度、网站点击量提升与产品升级优化等。这些工作内容既是企业的进步成果，也直接反映了企业内部的执行决策。

在设定过程策略型OKR前，企业管理者可以先整理出一份总结报告。总结报告需要包括企业各层级员工的OKR完成情况、应用的策略及具体的实施过程、关键策略的价值和存在的问题等。这份总结报告要包含企业各层级员工OKR的实施过程和细节，总结报告越具体，企业管理者在进行关键结果量化时就越能根据报告客观而准确地选择出关键策略。

过程策略型OKR重视关键策略的数量，通过过程策略来量化OKR是由不同的工作内容决定的。例如在分析用户体验方面，就可设定过程策略型OKR，即"找出影响用户体验的核心指标"。对于无法用具体数据来量化的OKR，分析关键策略的数量也是量化关键结果的一种方式。

所以，在量化关键结果时，企业管理者要根据员工的具体工作内容来选择相应的量化类型。同时，企业管理者也要综合考虑企业的发展阶段、战略目标、员工的工作成果等影响因素。

制定关键结果的小细节

除了可量化，制定关键结果还需要注意一些小细节，例如精简数量、体现关键结果、充分考虑所有可能性、对关键结果定量或定性、确定专门的负责人等。高质量的关键结果可以促进团队无障碍沟通，营造共同语境，推动目标尽快完成。

精简数量

针对一个明确的目标，其分解出来的关键结果不需要很多，过多的关键结果反而会模糊工作重点。如果两个关键结果之间有很大的相关性，或者其中一个比另一个重要得多，这时企业管理者就可以对两个关键结果进行分析、比较，留下更重要的那个。

例如一家其化妆品公司设定的目标是提高用户黏性，根据这个目标设定的关键结果有用户每周平均使用的次数，也有用户每月平均使用的次数。在分析这两个关键结果时，企业管理者就可以明确哪项关键结果对于提升用户黏性更重要，然后将其留下。

但是，精简不代表只留一个关键结果。企业的目标需要关键结果间相互制约并互为补充，只有这样才能更好地验证效果。

某品牌的目标为"让粉丝流量变现成为产品的主要收入来源"。那么，此时企业管理者可以设定关键结果为"粉丝转化率大于50%"，另外还可以再设定一个"粉丝量增加50%"的关键结果。后者为前者提供支撑，这样才能更好地实现品牌目标。

精简关键结果的关键在于要聚焦于最关键的结果，精简关键结果能够使企业的人力及资源更好地集中起来，以便顺利地完成目标。同时，精简之后的关键结果具有更强的指向性，确保了员工工作方向的正确性。

体现关键结果

很多企业管理者直接将关键结果设定为某项具体任务，这是不合理的。

张志勇（化名）是一名客服经理，他将自己的关键结果设定为"本月向20名用户发送反馈邮件"。张志勇设定的这一关键结果其实是在描述自己的工作任务。关键结果强调的是结果而非任务，向用户发送反馈邮件的目的是什么？可能是通过调查用户反馈来获得用户满意度或通过用户反馈分析产品的问题。那么，"本月将用户满意度由90%提升至95%"就是一个描述结果的关键结果。

在分解关键结果时，企业管理者常常越过关键结果，直接描述具体任务，这样是不合理的，存在较多的不确定因素，因为任务的完成既可能直接实现关键结果，也可能实现不了。对于一些时间周期较长的目标，在设定关键结果时就不能只描述任务，因为任务需要时间去验证结果。

企业管理者的目的是找出影响目标的关键结果，而不是罗列一个任务清单。任务通常指那些在短期内就能完成的工作，它不能作为一个关键结果。"给用户发一封邮件"或"会见新的销售经理"是任务而非关键结果，而"本月销售额同比增长20%"就是一个关键结果。

要区分自己描述的是任务还是关键结果，企业管理者需要看自己使用了哪些动词，如果使用了"帮助""辅助"等词，那么企业管理者描述的就是任务而非关键结果。这时，企业管理者需要思考这些问题："为什么要'帮助''辅助'？这样做的目的是什么？"通过对任务的进一步的思考，企业管理者就可以从任务的结果方面来描述关键结果。

充分考虑所有可能性

当企业管理者在设定一个目标的关键结果时，可能有一些看似合理的

第4章 关键结果（KR）：保证团队执行力的工具

备选项。如果仅仅因为感觉关键结果合理，就不再做进一步的分析，企业管理者就可能会因自己认知的偏差而制定出有偏差的关键结果。

某快餐连锁企业的管理者想要提高客户满意度并提升企业整体的盈利能力。由于缺乏数据支持，该企业管理者主观地认为员工流失率是影响客户满意度的重要因素。因此，该企业管理者把降低员工离职率作为一个关键结果，从而投入了大量资金成本来改善。

然而，经过一段时间的调整后，该企业管理者惊讶地发现，一些离职率高的店面的利润率和客户满意度都较高，而一些离职率比较低的店面却不太理想。

关键结果是经过分析对比确定的。企业管理者必须充分考虑所有可能性，在众多可执行的关键结果中选出最优的几个。因此，企业管理者在设定关键结果时，不可以因为一个关键结果看似合理就草率下决定，即使是发现了合理的关键结果，企业管理者也需要对其他关键结果进行对比分析，从中找出最合理的几个。

因此，企业管理者在设定关键结果时，必须在明确目标的基础上考虑到所有的关键结果，然后通过分析每个关键结果对于目标的聚焦度来对其逐一分析，从中挑选出最能聚焦目标和最能推动目标实现的一个。只有在设定关键结果时考虑到了所有可能性，企业管理者才能保证最终关键结果的精准性。

对关键结果定量或定性

在设定关键结果时，企业管理者要把握关键结果量化、细化、流程化的原则，即"能量化的要量化、不能量化的要细化、不能细化的要流程化"。量化、细化和流程化是确保关键结果顺利执行的关键因素。

（1）能量化的要量化

量化能够确定工作的标准，将抽象的工作变具体，对工作进行精确的定量。企业管理者在制定关键结果时，对于能够量化的关键结果，一定要尽可能地量化，量化的关键结果对员工更具指导意义。

（2）不能量化的要细化

细化是将关键结果进行分解，明确关键结果应完成到什么程度、达到什么标准。对于不能量化的关键结果，企业管理者也要对其进行细化，这样能够确定标准，有利于关键结果的落实。

（3）不能细化的要流程化

职能部门的工作比较单一，往往会长期进行一项工作。这种工作的价值用量化、细化的方法都无法准确衡量，如会计、培训人员的工作等。对于这种工作，企业管理者可以采用流程化的方法将其工作进行流程化分类，通过流程确定关键结果。对于每个流程，企业管理者都可以从多个方面来衡量、分析，以此确定具体的关键结果。

科学合理的关键结果是清晰明确的，为了确保关键结果的清晰性，企业管理者需要通过量化、细化、流程化等方式对关键结果定量或定性。一些部门的工作可能难以制定量化的关键结果，企业管理者也不能忽视，依然要通过细化和流程化的方式来完善。

确定专门的负责人

孟子涵（化名）是一家电商公司的总经理，在公司引入OKR管理体系一年以后，他觉得实施OKR的成效甚微。此前，在公司引入OKR之初，孟子涵十分看好OKR。在实施OKR的过程中，他也十分重视对员工工作的监督，自己的工作量也比往常增加了很多，但是用OKR完成目标的效果却远不及预期。

孟子涵对此感到十分不解，于是他参加了OKR的相关培训，系统学习了OKR管理的相关知识。在经过一段时间的学习和反思后，孟子涵终于明白，公司实施OKR失败的根本原因在于自己管理的失误。

由于公司里了解OKR的人不多，因此孟子涵在OKR实施的过程中并未指定专门的负责人，而是自己全权负责。这样一来，不仅他自己的工作任务加重了，各部门、各环节的工作也没有得到有效的管理。

社会心理学中有一个现象叫旁观者效应，是指当多人共同负责一件事时，每个人承担责任的意愿就会降低。中国有句古话叫"三个和尚没水吃"。例如，公司中3个人共同负责一个项目，当项目出现问题时，就会没有人主动解决问题，因为这3个人中的每个人都觉得其他人会承担责任、解决问题。

如果任务一开始就没有确定专门的负责人，没有人对结果负责，那么团队成员也不会对这个关键结果采取行动。负责人除了对关键结果的最终结果负责，还要汇总信息，负责在关键结果实施中对其进行跟进和更新。

在企业管理者制定关键结果的过程中，必须为各部门、各环节指定专门的负责人，既可以委派负责人，也可以鼓励员工自发担当。

指定负责人有利于OKR的顺利实施。负责人的设立不仅能够减轻企业管理者的工作，也省去了OKR实施过程中众多的需要上报企业管理者的环节，使OKR的实施更加流畅，提高了OKR运行的效率。另外，负责人可以更加方便地对自己所负责的工作进行检查，能够及时发现问题，解决问题。

为了推动OKR工作的顺利进行，各部门、各环节的负责人之间也要加强交流沟通。在关键结果被执行的过程中，各部门间的合作十分重要，各种资源在企业范围内的流动能够提高OKR的运行效率。

管理案例：打造目标一致的团队

OKR是一面镜子，能照出一个组织的战略落地能力、创新力、协同力和自驱力。处在高速发展期的团队，尤其需要尽快提升管理能力，让组织实现从"散兵"到"团队"的发展。而一个组织之所以能成为团队，关键要素就是统一的目标。

OKR的价值是让团队的目标实现上下一致、左右对齐。上下一致，是指目标自上而下是畅通一致的，这一点非常重要。上至一家公司的使命、愿景，下到员工的工作目标，一定要保持一致，这样组织才能协同资源，达成一致。而左右对齐，顾名思义就是横向拉齐，促进协作部门间的沟通与目标共识。

国内某家一线传媒文化公司拥有近300名员工，业务在高速成长期，很多管理者都是从一线员工被提拔起来的，组织架构也刚刚搭建起来，现在急需整个组织和管理升级。他们需要一个方法让飞速发展的团队保持聚焦，跨部门的协作能够保持高效。

我们为该公司专门策划了一次别开生面的OKR培训，在基本概念和理论的培训基础之上，各个部门的代表用半天的时间体验了原汁原味的OKR共创。在这个过程当中，团队的高层和管理者都意识到，原来大家在目标的理解上并没有达成共识。同时，管理者也意识到团队充满了活力和想法，但是在过去很多声音没能被听到。经过半天的共创体验，团队成员的士气变得更高了，对未来的信心更足了。公司的最高管理者也坚定了要在公司落地OKR的决心。

管理层首先进行了价值观和战略的共创，让企业上下各级员工在中长期目标上达成一致。随后整个团队从管理层开始，逐层共创OKR。所有团队进行季度OKR复盘，少数关键团队更是以月为单位进行复盘。

在实施OKR的过程中，团队的管理短板也逐渐显露出来，比如很多年轻管理者缺乏必要的管理意识，管理手段也比较单一。这时候如果有团队教练和针对性的管理课程的帮助，这些年轻管理者的管理工作将会事半功倍。

OKR这样的目标管理工具，能够帮助组织确定根本的目标：我们要去哪儿，秉持什么样的使命与初心。这个目标是一家公司的"定海神针"，是一切业务发展及决策的最高原则，可以从根本上保证业务的发展不背离企业目标，并始终聚焦于企业目标。这也是OKR可以发挥的重大作用，即周期性的检核、复盘，保证上下顺畅一致。

第5章

OKR落地：制定方案，提升协作效率

任何一项管理变革都会经历阵痛，即使度过了阵痛期，也不能保证成功，OKR的实施也不例外。因此，企业实施OKR需要先进行充分的准备，例如制订计划，在企业内部达成一致；确定实施OKR的模式、时间因素、工具等。这些准备是顺利实施OKR的基础，准备越充分，OKR成功实施的可能性越高。

制订OKR实施计划

制订OKR实施计划看似多此一举，实则不然。很多企业推行OKR后却以失败告终，都是因为前期没有完善的计划，导致实施过程中内部阻力大、目标落实不到位。因此，实施OKR需要先改变企业环境，让所有人都积极地拥护OKR。

高层管理者带头落实OKR

企业的领导或管理者是顺利推行OKR的关键人物。在制订OKR实施计划之前，管理者就要考虑清楚：OKR是否适合自己的企业？如何通过OKR获益？如果管理者犹豫不定，那么OKR只会成为一个"昙花一现"的变革提案，员工很难真正重视它。

高层管理者就像汽车的发动机，只有发动机努力工作，汽车才能跑得快。因此，OKR的实施需要管理者带头落实。

OKR不是一次性项目，而是一次长期的管理变革，它能帮助企业迎接各种业务变革的挑战。OKR的实施需要先制定高层组织的OKR，然后将组织内所有OKR与高层组织的OKR对齐，最后还要建立一个固定的汇报流程确保其能服务于组织运营。这一切工作都离不开高层管理者的配合和带动，只有他们坚定地推行，企业才能突破重重阻碍，实现变革。

企业内部达成共识

在制定OKR前，企业需要对员工进行基本原理培训，让大家理解OKR，并达成共识。OKR培训能让OKR在企业中更顺利地推行，帮助员工更有效地、有战略性地制定个人的OKR。

例如，某企业在研发团队高管的支持和推动下，开展了针对研发和核心管理团队的OKR培训，深化了员工对OKR的理解和认知，思考和讨论了OKR可以帮助企业解决什么问题。在培训过程中，参与人员意识到OKR是一种成长性思维，它解决的是团队的成长问题，而非生存问题。

在培训过后，参与人员开始反思自己的工作方法，主动思考团队应该制定什么样的OKR才能快速成长，快速将业务战略落地。他们会主动将自己的目标与业务部门的目标对齐，让业务部门更好地意识到研发团队的价值，从而使各部门协同工作。

决定在哪个层级实施OKR

OKR不能一开始就全员实施是因为很多企业不具备这样的条件，突然全员实施OKR不仅会给企业带来很大风险，还会增加OKR失败的概率。

OKR就像一门语言，有它的"语法规则"，企业必须先理解其"语法规则"，并通过多次实践掌握使用方法，才能书写文章。此外，企业对OKR这个工具越熟悉就越能更好地运用，OKR创造的效益也会更明显。

因此，企业要提前计划好在哪个层级实施OKR。一般来说，实施OKR分三个层级，即企业、团队和个人。企业层级指的是高管团队；团队层级指的是各职能部门的负责人或各业务板块的经理；个人层级指的是所有员工，即企业中的每个人。OKR推行的范围直接影响推行的难度，对一个初次接触OKR的企业来说，最好先选择高管团队进行试验。这不仅可以让高管团队明确企业发展的重点，还可以为后面在全员中推广OKR奠定基础，便于员工接受和使用。

实施OKR前先改变企业文化

OKR在我国越来越受企业的欢迎，但想要让OKR在企业顺利落地，就要培育OKR生存的土壤，即营造公开、平等的企业文化氛围。

（1）去中心化组织

去中心化组织指的是没有统一的控制机构，各团队各司其职，但又紧密连接的组织。去中心化组织强调分布式组织结构，这一点与OKR倡导的自驱和高效协同非常相似。

OKR的要点之一是组织内每个人都能同步管理好目标，这一工作需要大量的动态调整，每个人都担负着重要的责任。企业只有先形成一个平等开放的去中心化环境，才能达到牵一发而动全身的效果。

（2）平等沟通的企业环境

硅谷的很多企业都会故意营造平等、开放的环境，让员工更好地沟通交流，从而促进组织快速成长。在我国的一些企业中，员工在和领导沟通的时候畏畏缩缩、顾虑很多，甚至与同级别的同事沟通也不敢正面提建议，生怕得罪别人。这样的沟通环境很难满足OKR即时反馈的要求。

公开、平等的企业文化不是挂在墙上的标语，也不是每天喊几遍鼓舞士气的口号，而是将平等沟通的理念融入工作中。例如，上级与下级沟通工作，可以通过讨论的方式，而不是下级汇报的方式。平等的沟通氛围更能促进员工思考，激发其创造力。

（3）信息公开透明，弱化等级制度

现在，很多企业都在推行扁平化管理模式，但通常只是变革了形式却没变革根本。扁平化管理并非只是和领导拉近距离，而是要消除沟通障碍，彻底弱化等级。

减少审批流程、淡化汇报关系、直呼领导大名等方式，都是为了企业内部能更平等地沟通，减少员工跨级、跨资历交流的心理负担。因此，扁平化管理要尽可能消除员工先入为主的沟通障碍的印象。在良好的沟通环境中，员工才能敞开心扉，产生内生动力，更积极地完成目标，从而促进组织更好地发展。

OKR是一种管理方式，更是一种企业文化，它除了能提升员工的工作效率，更能变革企业文化，凝聚组织的力量。

确定企业的OKR模式

企业在引入OKR时需要注意，提前选好OKR的部署模式，将其与绩效考核分离，建立完整的流程和反馈渠道，从而让团队更好地协作。

部署 OKR 的三种方式

企业管理者在企业中引入OKR时，根据企业规模的不同，OKR的部署方式也不同，可采用的方式主要包括以下三种。

第一，对创业公司而言，由于公司规模较小，在整个企业范围内实施OKR较为容易，因此，企业管理者可以在全公司实施OKR。创业公司是实施OKR的主力军。没有其他管理模式的束缚，创业公司在成立之初就可以选择一种更符合时代发展、更能促进高绩效管理的模式来管理公司。

第二，对传统的大型企业而言，企业管理者可以选择先在某个部门进行试点。许多传统的大型企业都会选择企业的研发部门试行OKR。在研发部门中，由于员工工作的关键结果难以量化，传统的目标管理工具KPI很难在该部门发挥有效的管理作用，因此，要想对研发部门进行有效的管理亟须寻求新工具。

第三，企业管理者可以在单独的项目中实施OKR。OKR聚焦优先事项、不断更新等理念十分符合研发团队中敏捷开发的原则，对敏捷开发项目而言，OKR比KPI更能推动项目的进展。

企业管理者无论是选择在某个部门还是在整个企业中实施OKR，都需要对OKR逐步部署。同时，从初步部署OKR到实现整个企业的覆盖，这个时间可能是一个季度甚至一年，企业管理者不要急于求成。为什么要这样部署？

一方面，OKR设定目标的方法与KPI的目标设定不同，OKR不是给员工设定一个量化指标就可以了。企业管理者需要明确任务的优先级，明确达成目标的逻辑和目标的最终效果。因此，管理者需要锻炼自身的系统思维，企业管理者只有对OKR有整体的、系统性的把握，才能在后续的工作中对员工进行有效指导。

另一方面，企业管理者需要逐步建立OKR实施的文化基础。OKR提倡自我管理、团队协作、挑战创新、坦率沟通等文化，只有在企业中营造了这样的文化氛围，才能发挥OKR更大的作用。在部署OKR的过程中，企业管理者要评估这些文化因素，不断进行调整。

在企业管理者部署OKR的过程中，可能还会存在一些特殊情况，这也是需要重视的。当不同的团队间存在合作关系时，他们可以共用一套OKR。

例如，在信息技术团队之下会垂直组建信息技术销售团队、信息技术市场团队、信息技术产品团队等。这时，不需要每个业务团队单独制定OKR，他们可以共同使用一套OKR。各业务团队在制定OKR时，可以通过彼此间的沟通实现OKR的合理性与一致性。这样，对不同的在工作上存在相关性的团队而言，其目标和关键结果是一致的，更有利于彼此间工作的协调。

不仅信息技术团队可以采用这种模式，其他团队也可以采用此类模式，这取决于团队组织结构联系的紧密性。例如，在软件行业，产品团队和开发团队是紧密协作的，虽然他们是两个截然不同的部门，但互相之间的依赖关系较强，可以共用一套OKR。

无论企业管理者采用哪种方式在企业内实施OKR，都要根据对企业业务及规模的分析选择合适的部署方式。同时，若企业管理者在整个公司内实施OKR，也需要通过部门试点来一步步推行。在逐步实施、推广OKR的过程中，企业管理者既需要有足够的耐心，也需要把握时机。

将OKR与绩效考核分离

在KPI绩效管理体系中，KPI的一个重要作用就是可以衡量员工的工作，并依据衡量结果对员工进行考核，而KPI是与员工的薪酬直接挂钩的。在这种情况下，员工会更加重视KPI，只愿意做与绩效考核相关的工作，而忽视与绩效考核无关但又比较重要的工作。

那么，是否可以将OKR与绩效考核直接挂钩？答案是否定的。如果将OKR与绩效考核直接挂钩，必将弱化OKR对于员工的内在激励作用。

例如，某客户经理在设定目标时制定了一个具有挑战性的OKR，即2021年第一季度销售额较上一季度提升100%。但最后，该客户经理本季度的销售额比上季度提升了50%，没有达到当初设定的销售额提升100%的目标。

那么，在对该客户经理进行绩效考核时，应如何评价其工作？如果将OKR与绩效考核直接挂钩，那么，该客户经理显然没有达成OKR的目标，自然也不会获得良好的评价。但这样的结果对该客户经理来说显然是不公平的。

这种评价方式没有考虑该客户经理的实际贡献。因为其设定的是100%的挑战性目标，完成的难度较大，但从实际贡献方面分析，他能将销售额在原来的基础上提升50%，这说明他是很优秀的。如果企业管理者既要求员工设定具有挑战性的目标，又以这一具有挑战性的目标为绩效考核的依据，这对员工来说是不公平的。

因此，企业管理者在实施OKR时，要将OKR评估与绩效考核分离开来。OKR以实现目标为目的并思考路径，其重要意义就在于激发员工在实现目标的过程中的积极性和创造性。而绩效考核需要对员工所做的贡献进行公平的回报。

制定 OKR 是目标管理的起点

OKR是一个目标管理工具，制定好OKR只是目标管理的开始，因此，企业管理者不能在制定好OKR后就不继续推进工作了。"以为制定好OKR就万事大吉"也是企业管理者在实施OKR时容易陷入的一个误区。即使制定了科学合理的OKR，如果没有相关的配套工作作为辅助，OKR也难以发挥激发员工积极性与创造性的作用。

在制定好OKR之后，企业管理者还需要做好两个方面的工作以辅助OKR更顺利、更有效地进行。

第一，企业管理者需要促进员工、团队之间的沟通交流。不同员工、不同团队之间的沟通交流，一方面能够让员工或团队及时了解其他员工或团队的工作动态和工作进度，以此来激励或调整自己的工作；另一方面，员工间、团队间充分的交流沟通也能够更好地实现彼此之间的协作。

第二，企业管理者要做好OKR的辅导和反馈。在OKR实施过程中，企业管理者要建立完善的OKR辅导流程，建立完善的员工反馈流程和渠道。企业管理者需要重视并肯定员工的想法，重视员工的每一次反馈。同时在OKR的辅导中，也要充分考虑员工的意愿，结合员工的工作状态进行辅导，不能生硬地对员工进行例行辅导，以免挫伤员工的积极性。

总之，在制定完OKR后，企业管理者还要完善OKR实施过程中的一系列后续工作。在OKR实施的过程中，有两方面是企业管理者必须要关注的：一方面是使员工保持持续的工作积极性；另一方面是及时发现并解决OKR实施过程中的问题。因此，企业管理者依旧要时时关注OKR的运行是否正常。

明确实施OKR的时间因素

在实施OKR的过程中，明确时间因素非常重要，包括实施周期、时间节点、截止日期等。它们可以让OKR更具合理性，为员工提供恰到好处的压力，激发其工作积极性。

实施周期

将OKR的实施周期设置为多长时间比较合适？这一问题并没有标准答案。影响OKR周期的因素有许多，一般而言，企业管理者在确定实施OKR的周期时需要考虑以下因素，如图5-1所示。

- 企业奖励发放的周期
- 工作任务的完成周期
- 日常任务的管理基础
- 工作的性质

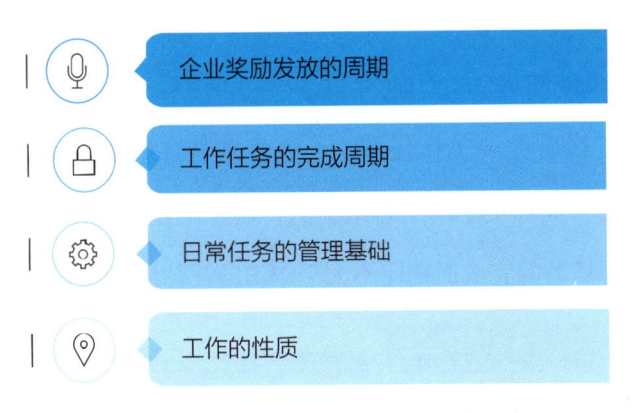

图5-1 与OKR的实施周期有关的因素

（1）企业奖励发放的周期

企业发放奖励的周期会影响OKR实施的周期，企业发放奖励的依据之一便是OKR的完成情况。因此，企业奖励应该在OKR评估结束后发放，如图5-2所示。

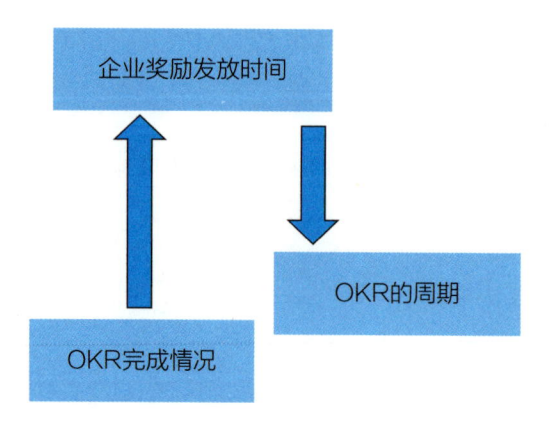

图5-2　OKR周期与企业奖励发放周期相互影响

因此，企业奖励发放的周期应该大于或等于OKR的实施周期。如果奖励是按照季度OKR的完成情况发放的，那么OKR的周期可以是季度或月度；如果奖励是按照月度OKR的完成情况发放的，那么，OKR的周期应设为月度或小于一个月。

（2）工作任务的完成周期

如果员工没有完成工作任务，企业管理者评估员工的工作情况时会有一定的难度，而在员工的工作结束后，对于工作的评估则会相对容易得多，所以工作任务的完成周期应不大于OKR的评估周期，如图5-3所示。

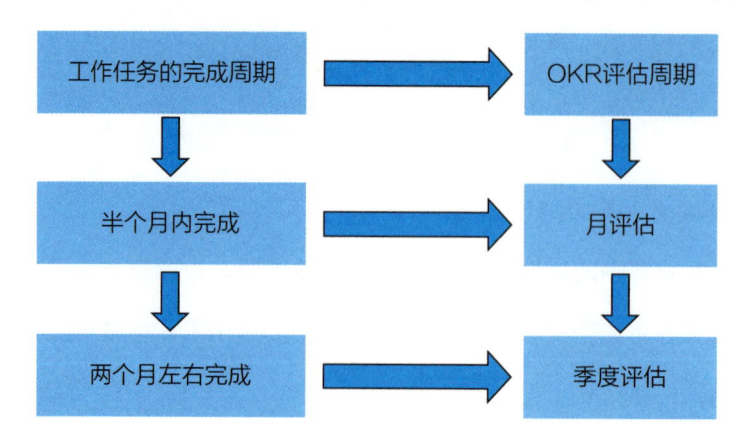

图5-3　OKR周期与工作任务的完成周期相互影响

如果员工的工作在半个月内就能完成,那么OKR的周期可以是月度;如果员工的工作需要两个月左右才能完成,那么可以将OKR的周期制定为季度。

有一些工作的周期特别长,可能需要两年才能完成。对于这类工作,企业管理者不能将OKR的周期设定为两年,而需要把这种长期的工作分解成若干个阶段,找到分解工作的关键时间节点,再据此确定OKR的周期。

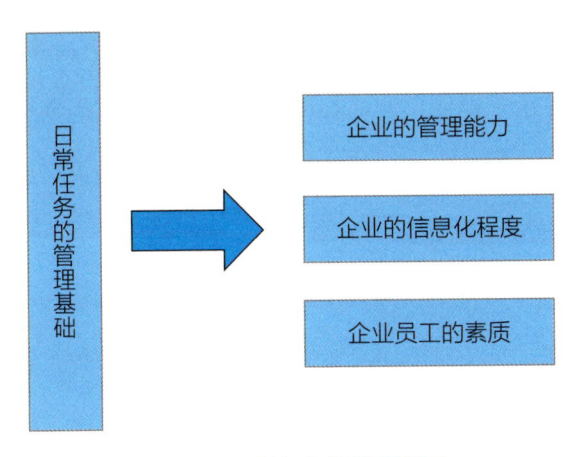

(3)日常任务的管理基础

日常任务的管理基础指的是企业的管理水平,包括企业的管理能力、企业的信息化程度、企业员工的素质等,如图5-4所示。

图5-4 日常任务的管理基础

企业的管理能力。企业的管理能力包括企业管理者的决策能力、企业协调与调配资源的能力、企业对员工的管理能力等。

企业的信息化程度。企业的信息化程度指的是信息技术在企业中的覆盖率以及信息技术设备完成的任务量占企业总业务中的比例。信息化程度高的企业生产效率相对较高,同时生产成本和运营风险也相对较低。

企业员工的素质。企业员工的素质指的是企业员工的综合能力,包括员工的技术能力、创新能力和工作经验等。

OKR周期的设定与企业的管理能力、企业的信息化程度和企业员工的素质密切相关。对管理能力相对较低、信息化程度不高、员工素质也不高的企业来说，OKR实施周期可以稍长一些。因为如果这样的企业将OKR的周期设定得太短，不仅会增加企业的评估成本，还会增加企业的管理负担，增加企业管理者与员工的工作量，最终很可能导致OKR体系的瓦解。

（4）工作的性质

不同岗位的工作性质是不一样的，有些岗位的工作更多的是临时性任务，如行政部门；而有些岗位的工作更多的是可预见的重复性任务，如出纳。对于这两种不同性质的工作，其评估周期也应该有所不同。

临时性任务由于提前预测的难度较大，所以评估周期应该短一些，时间越短，预测准确度就越高。而可预见的重复性任务可以准确预测，所以OKR评估周期可适当长一些。

除了以上几个方面，企业管理者在制定OKR的周期时也要考虑员工对OKR的接受度。员工对于OKR有一个逐渐认知的过程，他们在刚刚接触OKR时可能会因为对OKR的陌生而抵触，然而当其对OKR比较熟悉之后，接受程度也会提高。

所以，如果企业没有实施OKR的经验，在首次实施OKR时，企业管理者应该将OKR的实施周期设计得稍长一些，为员工留一些适应、缓冲的时间。而对那些有实施OKR经验的企业来说，企业管理者在设计OKR的实施周期时，就可以将周期适当地缩短，以便更迅速地利用OKR评估来指导员工的工作。

时间节点

选好适合企业的OKR实施周期后，企业管理者还要明确对OKR进行管理的时间框架。一个完整的OKR实施周期包括准备、公示、执行和复盘四个阶段。以第一季度的季度OKR为例，其实施流程如下。

（1）准备阶段

实施OKR的第一步就是制定OKR。OKR的制定要从企业战略出发，然后再将企业目标逐层细化。以各层级的目标为出发点，合理地制定出各层级的关键结果。

在每年的11、12月，企业管理者就要开始思考下一年第一季度的OKR了，而OKR的确定需要在下一年1月初的OKR会议上完成。OKR会议可以全员参加，如果人数过多，企业管理者就需要将员工分成不同的小组。在OKR会议上，企业管理者需要描述企业的战略和愿景，在此基础上，各组员工展开讨论并分别阐述，从而确定出OKR。

（2）公示阶段

公示并不只是在企业范围内公布确定好的OKR，更重要的是企业管理者要向员工说明企业为什么要制定这些目标，实现这些目标对企业有何意义。同时，在公示阶段，企业管理者要确保企业各层级之间能够对彼此的OKR进行详细沟通，确保企业上下对企业目标的理解一致。

（3）执行阶段

在OKR执行的过程中，企业管理者需要对OKR进行日常跟踪。企业管理者需要对OKR进行定期检查，必要时做出调整。在进行OKR日常跟踪时，企业管理者需要对目标、当前进度、出现的问题、问题产生的原因、问题的解决方法、下一步的计划等进行了解并决策，确保OKR能够顺利地推行。

（4）复盘阶段

在OKR实施的结尾，进行一次关于OKR的复盘是十分有必要的。在复盘会议上，每位员工都需要回顾并阐述自己的工作，包括目标是什么、通过哪些工作来实现目标、遇到了哪些问题、问题是如何解决的、有什么经验和教训、对自己的评价等。除了回顾、总结个人OKR，企业管理者还需要对整体的OKR完成情况进行总结。同时，在复盘会议上，除了对上一季度的OKR进行总结，还可以制定出下一个季度的OKR。

OKR管理的时间框架大致分为以上四个阶段。OKR制定的周期可以是月度、季度、年度等，在周期的选择上，企业管理者需要根据企业的具体情况来确定。同时，不同周期的OKR，其时间管理框架也应依周期有所调整。

截止日期

2018年3月，一家纺织企业在召开季度会议时，企业总经理确定了下一个季度的销售目标：到2018年6月，企业的销售额要达到2000万元。在明确这个目标后，销售部门经理就带领着自己的员工努力工作，希望能够按时完成目标。

2018年7月初，企业对当年第二季度的销售情况做了总结，发现企业的销售额为2500万元，销售部门超额完成目标。销售部门经理对这个结果十分满意，他在此次的季度会议上分享了自己的经验。

原来，为确保能够顺利完成目标，销售部门经理以2018年6月为限，在第二季度的每个月甚至每周都设定了不同的销售目标，并限定了每个小的销售目标完成的期限。在一个个小目标和截止日期的激励下，员工工作的积极性被极大地激发，最终超额完成了季度销售目标。

如果销售部门经理没有设定一个个小的完成期限，员工很有可能不会产生这么大的动力。上述案例表明了OKR在实施过程中需要注意的第一个关键点——必须明确目标完成的截止日期。

有的工作目标完成起来比较容易，只需要很短的时间；而有的目标就比较困难，需要比较长的一段时间。无论是哪种情况，企业管理者都应为目标设定一个完成期限，这样才能把员工的工作积极性激发出来。

没有截止日期的目标往往会让企业管理者和员工对目标产生不同的认识，尤其是在轻重缓急方面。

比如，企业管理者给员工分配了三项工作任务，却没有告诉员工截止日期。而其中有一项工作是非常重要、紧急的，员工却根本不知道。一段时间过后，当企业管理者向员工要结果时，发现员工根本就没有做那项最紧急的工作，而是在进行其他的工作。

在上述案例中，企业管理者就没有为最紧急的工作目标设定一个明确的时间期限，导致员工对目标理解错误。企业管理者为目标明确一个截止日期，不仅可以给员工一个时间标准，还能适当地给他们施加一些压力。在截止日期的刺激下，员工会极大地提高工作的积极性，确保目标能够在期限内完成。

在设置目标的时间限制时，企业管理者应该综合考虑目标的难易程度、轻重缓急以及员工能力等多个因素。此外，企业管理者还应该对工作目标的完成进度进行定期检查，时刻掌握员工的工作情况。这样，企业管理者不仅可以及时指导员工的工作，还可以根据员工的工作进度适当地调整目标期限。

在明确目标的截止时间时，企业管理者还可以对时间段进行细化，比如哪些工作需要本周完成、哪些工作需要本月完成，从而实时掌握员工的工作动态和工作进度。

企业管理者对于每个时间节点的跟踪也十分重要。企业管理者需要建立完善的工作跟踪流程，对于各部门、各层级的工作细节都要一一记录。任务完成后，负责人也要对任务进行总结、汇报。对每个时间节点进行把控有利于推动计划有条不紊地开展，有利于达到实施OKR的最佳效果。

推动OKR在企业的应用

企业全面推行OKR需要一个漫长的适应过程，需要全员进行多次交流、总结与复盘。只有全员达成一致，OKR才能真正为企业创造价值。

OKR 培训

武汉有一家物流企业准备在企业内实施OKR，于是企业管理者召集了一些有OKR经验的部门经理共同制定了企业的季度OKR，然后在整个企业内部推行。人力资源部经理建议学习同行企业在实施OKR之前先对员工进行培训，企业管理者对此表示反对："培训都是在浪费钱和时间，不能给企业创造价值。"

而到了季度末,企业管理者发现,企业的业绩和前一年的业绩基本持平,而同行其他企业的业绩却进步明显。他意识到在激发员工积极性这方面,OKR并没有发挥作用。经过调查,企业管理者发现同行那些业绩提升明显的企业都在实施OKR之前对员工进行了培训,他想起人力资源部经理的建议,后悔不已。

在经过认真的反思后,企业管理者决定立刻对员工展开OKR培训,为员工讲解企业实施OKR的原因和OKR对于企业的重要性,并针对不同的工作内容为员工讲解OKR如何更好地展开。同时,企业管理者还为OKR评估单独设置了奖金,奖励那些OKR完成优秀的员工。

这一系列的措施使员工意识到了OKR的重要性,同时也激发了员工工作的积极性。在接下来一个季度中,企业的业绩有了明显的提升。

由此可见,在实施OKR之前对员工进行培训是十分必要的。

OKR和其他管理工具间有什么不同?OKR的框架简单,更易于理解,OKR的概念很容易被掌握。但简单也是一把双刃剑,一些企业管理者认为OKR非常简单、直白,即使不对员工进行培训,员工也可以使用OKR来完成他们的业务。

一些对OKR有过了解或之前使用过OKR的员工确实不需要OKR培训,他们知道该如何进行有效沟通,能够确保自己的工作目标和关键结果的正确性。但有很多员工是初次接触OKR,对其并不了解,因此,培训是很有必要的。

OKR培训能够让员工统一对OKR的认识,达成共识。那么,在进行OKR培训时,企业管理者应从哪些方面入手?

首先，企业管理者需要告诉员工为什么要实施OKR。OKR能够提高员工的自主性，能够激发员工的积极性和创造性。但在实施OKR前，企业管理者必须明确为什么自己的企业适合引入OKR，并将这个答案告诉员工。

其次，在对员工进行OKR培训时，企业管理者需要识别OKR核心信息，让员工了解OKR的重要性。网络上关于OKR的信息纷繁复杂，既有准确的信息也有错误的信息。为了使员工对OKR正确认知，避免受错误信息的误导，企业管理者需要在培训时对错误的信息进行过滤，并识别出正确的信息，确保将正确的OKR知识传授给员工。

企业管理者需要阐明为什么OKR是适合企业的工具，并且讲明OKR实施的优势。没有清晰的理论支撑，OKR只会成为昙花一现的变革提案，员工并不会重视它。

同时，在企业内开展OKR培训时，企业管理者不仅需要对员工进行培训，还要对企业管理层进行培训。一般情况下，制定OKR的障碍往往来自企业管理层。企业管理者是制定OKR的关键人物，很多企业管理者在制订OKR培训计划时，经常会犯一个错误：没有阐述清楚OKR的实施对企业管理有何作用，就匆忙地对员工开展OKR培训。

在进行OKR培训时，企业管理者首先要从企业管理层入手。在对员工进行OKR培训之前就要对其他管理人员进行培训，让他们理解如何利用OKR更好地管理企业。

最后，企业管理者需要了解，对员工进行的OKR培训是阶段性的，一次培训并不是结束。员工对于OKR的认知也是循序渐进的，在实施OKR的过程中，员工可能会因为对OKR认知不足而在工作中产生问题。这时，企业管理者应该为员工创造学习的机会，帮助他们储备更多丰富的知识，提升员工对OKR的认知和了解，进而更好地提升他们的工作能力。让企业员工在完成OKR的同时更加全面地发展，这样做也有利于企业下一季度OKR的完成。

"培训很贵，但不培训更贵。"培训"贵"在企业在时间和金钱方面的投入，不培训的"贵"在于员工不能给企业带来更多的收益，企业得不到更好的发展，不培训企业损失的将会更多。从长远来看，培训是十分必要的。

由于员工的综合素质不同，企业所处的行业、性质、需求也不同，因此产生的激励、环境、知识技能等都会成为员工之间OKR完成进度差异或企业之间业绩差异的原因。因此，为企业员工提供OKR培训，统一认识是保证OKR顺利实施的重要前提。

上下级双向沟通

上海一家餐饮企业的创始人十分重视企业员工之间的沟通，他经常向员工强调，要勇于质疑那些存在问题的工作内容。该企业会在每年年终时召开一次全体会议，为企业各层级员工之间的沟通提供一个平台。

在会议上，员工首先需要做自我评价。员工需要讲述在一整年的工作、生活中学到了什么，并对自己的表现和业绩做出自我评价，总结出个人的进步与不足。另外，员工还要讲述对企业的意见和想法，以及对自己未来工作的期望。

员工的意见和建议对于OKR的实施具有重要的指导意义，企业管理者既可以根据员工的合理建议修正OKR，也可以根据员工工作中出现的问题来调整OKR。同时，员工的意见、建议和平时的工作状态都可以作为新的OKR的制定依据。

年终的全体会议为企业全体员工的沟通交流提供了机会，每位员工都可以在会议上畅所欲言，上下级之间也可以实现双向沟通，各层级员工对OKR的总结会使新的OKR的制定更加科学。除了年终全体会议的总结，在OKR实施的过程中，上下级之间的双向沟通也十分重要。

在OKR实施的过程中，上下级之间的双向沟通是保证OKR能够顺利推进的关键。上下级之间的双向沟通主要指企业上下级根据OKR的完成情况以及OKR所反映出来的问题进行合理的沟通。

上下级之间双向沟通的实现能够使OKR更加顺利地实施。一方面，上级管理者可以在沟通中了解下级员工的工作进度、工作状态和工作中遇到的问题，能够对OKR的实施进度有清晰的把控，也可以及时发现员工工作中的问题并对其及时进行指导。同时，上级管理者还可以在沟通中了解下级员工对于工作的意见和想法，以便及时对OKR的不合理之处进行调整。

另一方面，下级员工也可以在沟通中了解上级管理者对自己工作的反馈。如果上级管理者对下级员工工作的某一方面不满，下级员工可以根据上级管理者的指导及时地改进工作；如果上级管理者对下级员工的工作进行褒奖，也会使下级员工获得精神上的鼓励，从而激发更高的工作积极性。

上下级的双向沟通可以使企业管理者的决策在员工的建议与不断反馈中变得更加合理。同时，加强企业管理者与员工之间沟通还会增加双方的亲密度，有利于企业管理者树立威信。

同时，上下级之间双向沟通的方式是多样的，并不只有召开会议这一种。通过组织一些企业内的集体活动也可以在轻松、愉悦的氛围中实现上下级之间的双向沟通，例如，组织表演或体育活动、定期团建等。

在OKR实施过程中，上下级之间的双向沟通是十分重要的，企业目标的实现是企业各部门、各层级共同努力的结果。上下级之间沟通的强化，不仅能够加强企业管理者对OKR实施流程的监督，还能使企业拥有良好的工作环境和氛围，而这些都将推动OKR能够顺利地实施。

实施过程公开、透明

OKR的顺利实施还有一个关键点，就是实施过程一定要公开、透明。公开、透明的实施过程能够让员工对整个企业的OKR有清楚的认识，能够更好地将个人OKR与企业OKR结合，使二者之间的联系更为紧密，有助于企业目标的顺利达成。

OKR的评分规则和评估结果的透明度会影响员工对企业的认识。因此，企业各层级的OKR都要在全企业内公开，这样既能有效防止各层级管理者滥用职权，又能强化员工的自我约束意识。在实施OKR的过程中，员工的主人翁意识和责任感会极大地提升，从而能够激发其工作的积极性和创新精神。

具体来说，OKR实施过程公开、透明的优势表现在以下四个方面。

（1）OKR公开、透明激发员工责任感

员工OKR的公开、透明体现在三个方面：第一，在OKR实施的过程中，员工的OKR是公开、透明的；第二，员工需要定期更新OKR进度；第三，员工需要公开自己OKR的评分。这三个方面的公开、透明会激发并强化员工对于OKR的责任感。

此前，员工的目标与完成情况等信息只在员工和上级之间进行共享，对其他员工来说，这些信息都是保密的。但是，OKR的公开、透明要求将员工的所有工作信息都"晒"出来，其他员工都可对其工作进行监督，这有利于激发员工对于工作的责任感，员工会时时督促自己，从而能更好地完成OKR。

（2）OKR公开、透明促进协作

协作问题一向是企业开展工作的持续性难题，企业以往对此的解决方法通常是"通过思想教育提升员工的协作意识"，但是这样做的效果并不明显。往往两个部门即使进行了协作也难以推动工作顺利进行。这个问题在规模较大的企业里更为明显。单靠提升员工协作意识，无法解决团队之间的协作问题。

而OKR能够有效地促进员工之间的协作。OKR的公开、透明显示了每个员工的工作目标和工作进度。这样，一名员工在思考自己的工作目标和工作内容时，就可以通过了解其他员工的工作目标和工作内容来明确双方有没有协作的可能性，以此来更好地开展工作。

当一个部门与其他部门有依赖关系时，该部门也可以通过公开、透明的信息，了解其他部门的目标与进度，从而调整自己的工作进度或工作内容来实现与其他部门的配合。比如，培训部门在了解其他部门的目标后，就能为其提供有针对性的培训支持，推动其他部门完成目标。

（3）OKR公开、透明提升员工敬业度

公开、透明的OKR能够让员工看到部门、企业的目标进度，也能够让员工明确自己的工作对部门和企业产生的贡献，让员工感受到工作的价值。这种价值赋予了员工更强的工作动机，促使员工提高敬业度。

同时，OKR的公开、透明也让员工的贡献展现在企业全体员工面前，这能够给员工带来更多的成就感和自豪感。而当员工看到其他员工完成了更具挑战性的目标时，也会激励自己制定更具挑战性的目标，更加投入地工作。

（4）OKR公开、透明有利于打造敏捷组织

敏捷组织是组织发展的趋势。敏捷组织即组织能够快速感知和应对外部环境的变化。敏捷组织的基础就是信息公开、透明、共享。

OKR公开、透明是为了员工能够时时明确自己的工作目标和工作内容，这对建立敏捷组织来说也是十分重要的。在敏捷组织中，公开、透明的信息能够让员工清楚地了解组织目前的优先工作是什么，员工也能够思考为完成这项工作，自己要付出怎样的努力。

那么，在OKR实施过程中如何做到公开、透明？这需要企业管理者做到两点：一是企业管理者对OKR的管理要公开、透明；二是OKR的目标、关键结果、进度及评估结果要透明。

企业管理者要制定完善、公开的OKR管理制度。在制度中，企业管理者需要详细注明OKR实施的周期和企业、部门及员工的目标、关键结果。同时，制度还要规定好每一项目标被完成到各级程度时，对应的部门或员工可以相应地得到什么样的奖励，可以根据目标的完成程度来设置阶梯奖励。

企业管理者可以通过内部共享工具或OKR系统实现OKR目标、关键结果、进度及评估结果的公开，确保每位员工都可以看到其他人的OKR信息。

OKR整个实施过程的公开、透明能够让企业管理者清楚地看到各层级

OKR的进度和进展，以便企业管理者能够及时发现并解决企业运作中存在的问题。同时，OKR整个实施过程的公开、透明也能够让员工清楚地看到个人目标、团队目标及企业目标的进度。进度的提升能够让员工产生更多的成就感和自豪感。

辅助OKR实施的工具

合理使用工具可以加速OKR在企业内的推行。员工借助电子白板、大数据系统、协作平台等工具可以快速梳理流程，明确目标，更高效地达成协作。

电子白板

丰田汽车作为世界500强企业之一，其生产和管理系统一直是核心竞争力。丰田汽车的生产和管理系统也因此成为其他企业长期以来经营、管理竞相效仿的榜样。

丰田汽车以准时生产为出发点，首先找出各环节中出现的生产过量以及其他方面的浪费情况，然后调整生产中的设备和人员分配，以达到降低成本、简化计划和提高控制程度的目的。

在生产现场控制方面，准时生产制的基本原则是按需生产，即在产品有需求的时候，按需要的量生产所需的产品，从而实现零库存。

管理上的变革产生了惊人的效果，丰田汽车的质量得到空前提高，并且其生产效率也大大提高。后来，准时生产制这一理念逐渐演变为现在众所周知的看板管理方式。

丰田看板管理方式的典型应用类似于超市补货。在丰田的汽车生产中，零件包装都附有一张看板，零件用完，看板就被工人取下放到看板盒中，其他部门的员工会定期收集看板盒中的看板，并根据看板补充相应的零件。

丰田在看板管理方式下大大提高了生产效率，以强大的竞争优势打入美国等发达国家的市场。直到今天，丰田依然在世界汽车生产业中占据举足轻重的地位。

丰田汽车的快速发展表明了看板的优势，而随着技术的发展，电子白板逐渐成为新型看板，成为企业展示目标和关键结果的重要平台。电子白板属于触控类多媒体产品，企业可随时在电子白板中录入会议的相关内容。电子白板具有极强的兼容性，文本、表格、幻灯片等格式的文件都可以显示出来。企业使用电子白板展示OKR的优势表现在以下四个方面。

①电子白板改变了企业以往的传统看板模式，使企业展示OKR的过程更高效、便捷；

②电子白板具有交互功能，更容易使员工参与其中；

③电子白板中有大量的企业资料，比如项目进度、案例分析等，员工可利用电子白板快速查阅信息；

④电子白板有影音记录保存功能，企业的优质资源可以通过电子白板保存下来，并实现资源共享。

企业管理者在利用电子白板展示OKR时，应在电子白板上呈现哪些内容？在电子白板上呈现的内容应该是OKR实施过程中的重点内容，主要包括以下四个方面。

①企业正在关注的项目、必须在限定时间内完成的项目，或是要求员工尽力完成的项目。另外，在电子白板上对必须完成的计划一定要进行详细的描述。

②电子白板要能够体现企业当前OKR的状态以及已经完成的关键结果。

③电子白板中需要详细列出企业各层级员工需要做好的准备。

④电子白板需要标明那些在企业OKR完成过程中出现的阻碍因素，将企业各层级员工必须格外注意的点一一注明。

电子白板可以清晰地表示企业整体OKR的进度和员工自身工作的内容，员工可以根据看板内容准备工作。同时，电子白板可以存储企业内的优质教学资源和以往经典案例等，通过查阅电子白板，员工也可以更好地解决一些工作中常见的问题，提升工作能力。

大数据系统

在企业管理者做决策时，全面、准确的数据是科学决策的重要保证，没有数据的决策是没有任何说服力的。数据的收集和分析在企业管理中的作用越来越重要。

此前，很多企业将Excel作为进行数据统计、汇总工作的常用工具，但随着大数据的发展与革新，越来越多的企业增加了在内部信息系统建设上的投入，在OA（办公自动化）系统、ERP（企业资源计划）系统中建立了独立的模块用于OKR管理。

OA系统和ERP系统等大数据系统具有以下几个特点，如图5-5所示。

第5章　OKR落地：制定方案，提升协作效率

实现数据共享　　　　记录OKR的调整　　　　数据更直观，方便查阅

图5-5　大数据系统的特点

（1）实现数据共享

利用这些大数据系统，企业各层级的目标、关键结果、OKR完成进度等数据都可实现共享。企业管理者可以轻松了解各部门、各层级的具体工作数据和总体的分析数据，所有数据的统计和分析都是十分准确的。

（2）记录OKR的调整

企业管理者可以通过大数据系统在线上对OKR进行调整，这种方式能减少企业管理者在进行线下OKR调整时的记录错误。而且根据OKR评估相关流程，大数据系统能通过数据的统计和回写自动生成明细表数据，并对这些数据进行分类汇总，大大提高企业管理者的工作效率。

（3）数据更直观，方便查阅

企业管理者利用大数据系统整理好每位员工的OKR后，系统可生成直观的图表来表现数据，更便于员工理解。另外，电子数据的保存也便于员工查阅。

在实施OKR的过程中，企业管理者需要对企业各层级OKR进行分类和汇总，企业管理者只有充分利用大数据系统，才能更好地完成OKR的统计与分析。大数据系统不仅能够提高OKR数据统计及分析的效率，同时也更能保证数据统计和分析的准确性。

协作平台

在OKR实施的过程中，企业管理者需要对各部门、各环节的工作进行严格的把控，员工在工作过程中也需要对自己的工作内容和工作进度有明确的认知。这时，企业管理者可以选择一些协作平台来辅助OKR的实施，比如日事清平台管理系统和Worktile[①]平台。

日事清平台管理系统能够将企业OKR的目标、关键结果等信息通过平台的看板功能公示给全体员工，同时，最新工作情况也会在看板中实时更新，还可以根据OKR的具体内容制定合理的衡量标准，员工可以根据衡量标准来明确自己与其他员工之间的差距，能够提高员工工作的主观能动性，具体功能如下：

①每位员工都能够通过日事清平台管理系统掌握个人OKR的实施动态、项目任务的整体进度等；

②日事清平台管理系统可以实时更新每个部门、每位员工所要承担的具体工作内容；

③借助日事清平台管理系统，员工可以记录工作的所感所想，总结经验，同时，员工之间还可以相互交流，协作开展项目，共同完成任务；

④企业管理者可以定期对各部门OKR的执行情况进行检查，能够及时通报工作情况和对OKR进行调整。

Worktile是国内首家以软件形式辅助实施OKR的企业协作平台，其对OKR有着深入的研究，该平台设计的每个功能和细节都与OKR需求有极高

[①] 隶属于北京易成星光科技有限公司，是一个企业协作办公平台。——编者注

的契合度。Worktile主要包括五大功能，如图5-6所示。

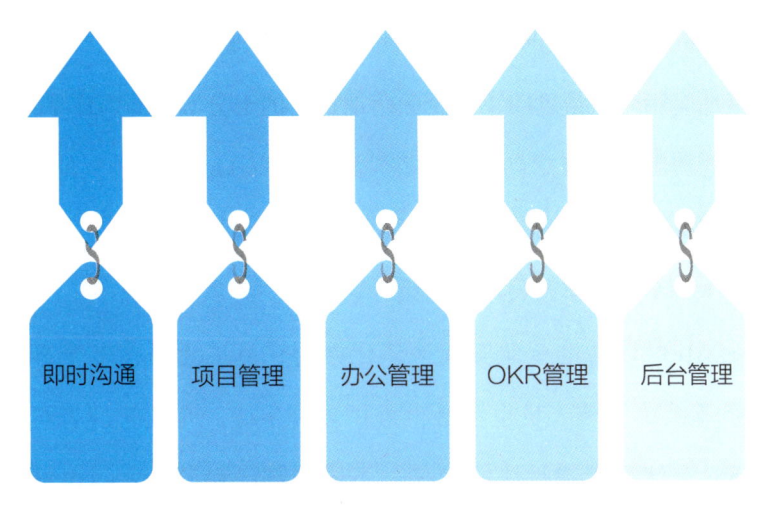

图5-6　Worktile的五大功能

（1）即时沟通

Worktile是专为企业打造的即时沟通工具，借助Worktile，员工能保持彼此间的实时联系，使员工彼此之间的协作保持灵活性、畅通性。

（2）项目管理

Worktile包含大量的场景模板资源，能满足企业多种业务的需要，包括缺陷管理、敏捷开发等，能对企业的各项管理项目进行实时追踪和质量监察。

（3）办公管理

Worktile为企业提供内部公告栏、审批等应用，企业管理者可以借助Worktile跟踪办公事务，实时掌握工作进度。

（4）OKR管理

Worktile能够公示企业各层级的OKR并实时追踪其进度，帮助企业实现执行战略的高度集中以及各层级部门间的沟通与协作。

（5）后台管理

Worktile可提供强大的企业管理后台，能够以软件的形式推动OKR在企业内的落地应用，是帮助OKR在企业落地推广的十分实用的协作平台。

企业管理者可以根据自己的需要灵活使用Worktile的各种功能辅助OKR的实施，提高OKR实施的效率。Worktile还有以下五个特点。

特点一：专为协作办公场景而设计。

Worktile可以帮助企业实现一体化办公，员工无须在多个系统之间切换，企业系统管理人员也不必再维护多套系统。企业管理者可以借助Worktile对全体员工进行协同管理，不同的部门和员工之间也可以借助Worktile实现协同办公。

特点二：激发企业员工潜能。

Worktile能够对企业的各项管理工作进行可视化跟踪管理，从而使企业的管理更加规范，让企业的OKR信息更透明。Worktile每天有序地为员工安排工作并实时更新工作进度，不仅能提高员工的工作效率，还能有效激发员工的工作潜能。

特点三：打破信息孤岛，使数据发挥最大价值。

Worktile能够汇总并更新企业的OKR信息，并通过数据分析制作出企业的决策报表，形成企业新的沉淀资产。

特点四：多场景项目模板匹配。

Worktile采用积木化思维配置项目模板，既可以与互联网、电商、建筑等不同行业灵活匹配，也可以满足产品研发、市场、运营等不同部门的项目管理需求。

特点五：多视图展示。

Worktile支持看板、表格等展示方式，每个项目的进度和状态都可以通过不同的形式展示出来。企业管理者可以针对任务设置相应的提醒策略，以保证重要的事情不被遗漏。

由于OKR落地、实施和管理存在一定的复杂性，如果企业管理者仍按照传统方法进行工作会非常困难。因此，为了使OKR更好地落地，企业管理者不妨试试以上辅助工具，这样不仅能够减轻自己的工作压力，还能更有效地推动OKR的实施。

管理案例：拒绝各自为战，构筑协同组织

在很多传统企业的组织架构中，部门之间各自为"战"的现象很普遍。所谓"部门墙"是指由于职能的划分，导致各部门只对自己负责，部门之间缺少沟通和协调，工作上没有配合与支持的一种管理问题。"部门墙"多出现在层级多样、部门复杂的大企业中。不同部门之间像隔着一堵墙，大家缺乏沟通，没有协作。

想要根治这种"大企业病"，企业要先转变管理思维，制定清晰的战略目标，并且让组织中的每个人都知道且参与到制定过程中，保证企业上下一心，为最终目标而服务。而OKR则是帮助企业转变思维的重要工具。OKR的出现可以让员工清楚地知道其他部门的同事在做的事，自己需要在什么方面提供帮助，这可以让企业构筑起一个协同的组织，达成开放协作的目标。

很多大型消费品公司和医药公司都开始尝试引入OKR，通过在某些团队和部门试点，提升员工的自主性、成就感和协同力。

OKR之所以会被众多大型企业追捧，是因为OKR能找到对企业发展真正重要的事情。它可以为企业带来以下两点好处：

第一，OKR透明度高，有助于企业总部和各地区分部统一目标，减少各部门摩擦，使上下达成共识。目前，大多数大型企业都拥有多个区域组织，下设部门非常多，原有的KPI主导的模式导致各部门经常发生摩擦，难以达成共识。而OKR要求公开、透明，一切为最终目标服务，可以极大地减少内耗，推动各部门的协作。

第二，OKR灵活性强，有助于企业及时调整，适应日新月异的行业变化。消费品行业的变化是瞬息万变的，每家企业都要提高适应能力，及时调整目标和工作方向，从而抓住发展良机。而OKR的实施过程要求及时复盘，可以帮助团队成员及时评估和调整工作计划。

我们在帮一家法国的500强消费公司做OKR落地时，他们就希望通过实施OKR来有效打破"部门墙"。试点团队成员并非来自一个部门，而是由销售、市场、品牌、财务、人力资源等18个业务骨干组成的一个跨部门的敏捷项目小组。他们一起去共创这个项目的OKR。在这个过程当中，大家放下了自己原来所在部门的一些固有想法，更加开放地倾听其他同事的分享和思考。

一开始他们给自己制定了一个让业绩增长20%的目标。但是在项目结束的时候，他们取得了将近80%的增长，整个项目团队通过实施OKR打破了部门之间的隔阂，推动跨部门高效协作，共同携手积极应对市场变化，这是他们能取得如此惊喜的结果的重要原因。

第6章

跟踪OKR：有效控制OKR实施过程

跟踪OKR对了解团队是否坚持目标、哪些目标未能达成及持续激励团队实现目标至关重要。有效控制OKR的实施过程可以确保每个人都处于正轨，始终向着同一个目标持续努力。

定期开会，提升跟踪效率

定期开会是跟踪OKR的一种常见方法，它能按照时间节点及时纠正执行过程中的错误，保证目标被顺利执行。

初期（每周）：及时纠正和指导OKR的执行情况

小刘是一家外卖平台的运营部经理，按照企业规定，部门每周都要召开例会。小刘对召开例会十分头疼，她知道召开例会对工作十分有利，但不知为什么，他们部门召开例会的效果一直不尽如人意。小刘召开例会的流程主要分为三个步骤：

第一步，将各团队的OKR以及各团队业绩陈述一遍；

第二步，根据各团队OKR完成的进度布置本周的任务；

第三步，让业绩突出的员工分享经验。

在周例会的最后，小刘虽然会问员工有没有问题，但是从来都没有员工提问或反映问题，会议也就草草收场。

其实，小刘并没有明确周例会与OKR的关系，也并不知道在周例会上应该做些什么。周例会是企业中最常见的会议，会议的内容主要是总结企业上周的工作，同时安排接下来一周的工作。

周例会的目的是对企业或部门的OKR完成情况、遇到的问题、下一步目标等内容进行细致的了解与分析。此外，企业管理者还可以通过周例会集思广益，集中全体员工的智慧一起解决某一具体问题。

周例会的召开能够同步企业各部门间的工作进度，也可以让员工对上一周的工作进行反思与总结。同时，在内容上，周例会注重的不是量化指标和结果，更多地关注信息资源分享以及讨论如何实现更多价值。

周例会应有以下三个目标：

①做目标评估。通过召开周例会，企业管理者能够根据员工的工作数据确定员工的工作进度，从而分析出员工能否按时完成工作目标以及何时能够完成工作目标。

②提前识别潜在风险。在周例会中，企业管理者通过对员工工作的分析和与员工的沟通，能够及时发现员工工作中存在的问题，从而提前识别OKR实施过程中潜在的风险。

③有计划地把OKR渗透到企业管理中，以保证员工对企业目标的持续聚焦。在周例会中，企业管理者对工作目标的重复能够让员工对工作目标有更深刻的认识，同时企业管理者对于员工工作的分析也能为员工指引正确的工作方向，使员工始终聚焦于自己的工作目标。

想要发挥周例会的最大作用，企业管理者可以从以下五点入手对周例会进行优化，如图6-1所示。

（1）会前充分准备

企业管理者要从员工进行的工作入手，将有争议的问题和员工工作的关键信息整理出来。

（2）工作优先级

企业管理者要明确召开会议的最终目的是推进OKR目标的达成。在了解员工本周的工作情况时，本次会议对员工工作进度的追踪要联系上一次会议的跟踪情况，以明确员工本周的工作和工作进度。同时，企业管理者

第6章 跟踪OKR：有效控制OKR实施过程

1 会前充分准备
2 工作优先级
3 确认员工工作状态
4 激发员工积极性
5 会后持续跟踪

图6-1 优化周例会的五个要点

在跟踪员工本周的工作时，要提前设计好具体事项的跟踪列表和工作的优先级，确保沟通环环相扣。

（3）确认员工工作状态

员工对OKR完成的信心有没有变化、员工是否能够对自己遇到的工作瓶颈和具体问题坦白，这些都是企业管理者需要了解的问题，并根据这些问题分析员工的工作状态。

（4）激发员工积极性

企业管理者通过对员工工作内容和工作进度的追踪，准确地了解员工工作的现状。企业管理者要根据员工工作的具体情况，对那些在工作中表现较好的员工予以褒奖，对那些在工作中表现不太好的员工也要予以鼓励，以激发员工工作的积极性。

同时，在周例会上，企业管理者也要积极听取员工的意见和建议，认可其合理的建议和正确的想法，以激发员工的创造性思维，培养其创新能力。

（5）会后持续跟踪

周例会是企业管理者跟踪和分析员工OKR的有效手段，但是，企业管理者对员工OKR的追踪不应只体现在周例会上。在周例会结束后，企业管理者依旧要对员工的工作做持续的追踪，确保会上的决策被准确、及时地落实到工作中。

周例会的短期性和持续性对企业管理者跟踪OKR的实施来说是十分有利的。短期、持续的周例会能够让企业管理者及时了解员工的工作情况，也能够及时对员工的工作做出指导和纠正，确保员工的工作持续聚焦于工作目标。

中期：确定下半期工作的核心

北京一家游戏企业制定了年度OKR，该企业管理者对企业各层级员工的工作做出了详细规定，并于2021年1月正式实施OKR。2021年6月，企业人力资源部按照规定对员工上半年的OKR做出中期评估与修正。

首先，由各部门经理对本部门团队的OKR进行详细汇总，包括每一位员工的OKR历史记录与评定结果、上级对下级的OKR面谈过程记录、OKR跟踪记录等。在将这些OKR数据进行详细汇总之后，各部门经理需要将汇总信息提交到人力资源部。

其次，由于OKR评估涉及企业全体员工，关系重大，所以该企业管理者成立了OKR评估小组，由人力资源部落地执行并对本次OKR的汇总结果负责。OKR评估小组负责根据OKR的实际情况对各部门的工作做出评估。

最后，在企业召开的OKR实施周期中期评估会上，该企业管理者根据人力资源部的OKR评估结果汇报了上半年OKR的完成情况并分析了工作中的问题，并对本年度下半年的OKR做出了相应的调整，完善了OKR辅导的方法、渠道以及跟踪途径等。调整后的OKR更能适应企业、员工以及具体业务的需要，为企业顺利完成OKR提供了保障。

周例会的优势在于其持续性和短期性，能够使企业管理者灵活地对员工的工作做出指导。但周例会也有缺陷，其只能对OKR的实施状态进行初级评估，规避掉一些小的潜在风险，而对于一些潜伏期长、难以发现的问题，周例会并不能及时地发现。所以，在OKR实施周期中期召开一次评估会是有必要的。

中期评估会的会议重点是企业管理者对此前OKR实施半个周期的跟踪数据进行汇总与分析，明确其是否存在尚未解决或此前未发现的问题。在会议上，企业管理者也需要就OKR的进度、存在的问题等与员工进行沟通，了解员工的想法与建议。

在这个阶段，企业实施的OKR已经进行了一半，像期中考试一样，企业管理者需要对过去的工作成果做一个阶段性的审视、总结，也有助于及时修正偏差，调整方向。

在OKR跟踪中，中期评估会的审视与修正的作用非常明显，企业管理者可对OKR前期的完成进度进行汇总，做出对前期工作的整体评价。同时，企业管理者还可根据OKR前期的完成情况和存在的问题对OKR后期的工作做出指导。

中期评估会与周例会在形式上并无太大差别，只是中期评估会更多地把关注点放在确认状态上。企业管理者需要根据OKR前期的完成情况确定OKR后期工作的核心，同时使用合理的方法规避掉此前工作中存在的问题。

后期：整体复盘，积累经验

在对OKR的跟踪中，召开周期后期的评估会是十分重要的，周期后期的评估会能够对OKR实施的整个过程客观地判断。召开后期评估会的目的主要是明确两个问题：一是明确OKR的最终目标是否完成以及完成到什么程度；二是明确有哪些因素促使最终目标完成或者有哪些因素导致最终目标没有完成。

为了明确最终目标是否完成或者完成到什么程度，企业管理者要对每一个关键结果进行评级或打分，根据每一个小目标的完成情况来分析企业的最终目标是否实现。如果OKR的最终目标没有实现，企业管理者也要分析最终目标的完成度。

在明确了第一个问题之后，企业管理者就要分析有哪些因素促使OKR完成或者有哪些因素导致OKR没有完成。如果OKR顺利完成，企业管理者就需要分析推动OKR顺利完成的因素，并与员工讨论在哪些方面、哪些细节上还有上升的空间、OKR实施过程中的哪些方法还能进一步优化等。如果OKR没有顺利完成，企业管理者也要分析原因。因此，企业管理者在季度末评估会议上就需要真实、坦诚地面对在完成过程中出现的问题。

在利用周期后期评估会来客观评判OKR的完成情况与具体细节时，企业管理者需要注意哪些问题？

（1）会议一定要坚持到底

首先企业管理者要注意会议一定要坚持到底，不能在还没有找到问题的解决方法时就草草结束会议。在会议中总会有一些棘手的问题有待解决，企业管理者不能避而不谈，而是要带动起整个会场的气氛，要让全员积极地参与进来，让更多的员工为棘手的问题出谋划策，以便从中总结出最优解决方案。

（2）通过提问来反思OKR中存在的问题

开会时，企业管理者要客观判断OKR，从OKR实施的各方面来分析问题为什么会产生，主要从以下三个方面来分析：

①从OKR实施的过程来分析，为什么问题会发生？

②从OKR制定的角度来分析，为什么没有提前识别出潜在风险？

③从OKR监督的角度来分析，为什么在OKR实施的过程中没有发现问题？

企业管理者在会议中要认真分析OKR实施过程中以上三个方面的问题，只有全面分析了这三个方面的问题，企业管理者才能全面地发现OKR实施过程中存在的问题。企业管理者不仅要清楚地了解出现的问题是什么，还要了解为什么会出现这样的问题、为什么问题在前期的风险预估中没有被识别出来、为什么在监督过程中没有发现问题。

（3）约束自己的期望

其实无论是举行会议还是制定目标，企业管理者都应该明白管理的重要意义在于激发员工的工作积极性和创造性。企业管理者在会议中的关注点不应该仅是员工OKR的得分或OKR的完成度，还要关注会议能否更加激励员工积极工作。因此，在会议中企业管理者要约束自己的期望，不要对员工OKR的得分或OKR的完成度太过重视，只要这场会议能对员工工作有积极的影响，那就是一场有质量的会议。

OKR的周期后期评估会能够对整个OKR实施的过程进行复盘，能够通过对整个OKR的分析了解其存在的问题和有进一步优化空间的方面。此次

OKR的周期后期评估会也能够为下次OKR的制定提供依据，使下次OKR的制定更加合理。

PDCA循环：OKR有效执行的关键

PDCA循环最早由美国质量管理专家休哈特博士提出，后经世界著名质量管理专家戴明普及。它是很有效的质量管理方法，包含Plan（计划）、Do（执行）、Check（检查）、Action（处理）四个步骤。PDCA循环可以有效帮助OKR执行，它的运行是一个闭环，可以帮助企业确定方向和目标，规划工作任务和活动。

计划：确定跟踪方针和目标

在确定跟踪方针和目标时，我们首先要了解这件事情的最终目标是什么？要达成什么效果？然后顺着目标明确关键结果，衡量我们已经朝目标前进了多少，还需要做哪些工作或努力才能达成目标。也许最终目标很遥远，但经过层层分解，检查跟踪的路径就会很清晰了。

OKR的周期并不是绝对的，一般以月度和季度为周期。因此，检查跟踪的周期可以据此分解，可以按照时间平均分为三段，对初期、中期、后期各检查一遍，也可以按照目标完成的节点进行检查跟踪。

跟踪OKR是为了保证全员目标始终一致，任务按照最初的计划进行，不偏离方向。清晰的跟踪计划可以提升OKR执行的效率，降低出错的概率，保证目标如期达成。

执行：设计具体跟踪方法、方案

有了目标和计划，那么，我们如何去执行跟踪呢？可以通过拆分任务，将任务划定时间点，通过任务清单，检查目标执行过程中每一件事是否做好。

一般来说，OKR有一套完整的实施流程，可以总结为CRAFT。C指的是Create（创建），即以小团队的方式，为1~3个目标设定4个以内的关键结果；R指的是Refine（精练），即通过评审会的方式进一步完善与精练OKR；A指的是Align（对齐），即识别目标之间的关系，与其他团队合作，并达成一致；F指的是Finalize（定稿），即确定OKR；T指的是Transmit（发布），即正式公示OKR，让全员知道在这一周期内应该聚焦什么目标。

企业可以根据这个流程设计跟踪方案，明确每个阶段的跟踪重点。例如在创建阶段，检查目标设定的有效性；在精练阶段，检查关键结果是否可以衡量等。

检查：总结跟踪效果

OKR执行过程中难免会遇到计划有变的情况，这时跟踪OKR就可以帮助企业进行检查纠偏，及时发现问题、调配资源、找到应对方案。

此外，企业还要及时总结、跟踪效果，针对现阶段出现的问题和解决方案做总结。例如在周例会上评估目标的进展情况，以及关键结果的风险状态；然后在中期评估会上总结并审视这些问题，确定哪些问题已经解决，哪些问题没解决，尽早找到解决方案；最后在后期评估会上回顾所有的目标完成情况以及最终评分，并回答两个问题，即"做到了什么程度"和"如何做到这个程度"。

处理：对跟踪效果进行处理

当一个OKR周期结束时，我们需要做一些复盘总结，即问自己几个问题："我们完成预期目标了吗""没达到目标是哪些原因导致的""我们是否可以让这个结果更好""下个阶段要继续挑战未完成的目标吗""还可以调配哪些资源""谁可以帮助我"等。

复盘总结是OKR跟踪的重要一步，它可以找到OKR设定不合理的地方，帮助改进OKR，让其在下一个阶段更完善。

一般来说，我们做每一件事情，都会按照先计划、执行、再执行过程中反复检查、最后做出最终总结或者说进行处理的顺序进行，因此，PDCA循环非常适合作为目标管理的工具，无论是管理年度还是月度目标。同时，PDCA循环还是执行OKR的好帮手，它不仅可以简化目标管理的流程，还可以反复运行，使OKR的执行效果呈阶梯式上升。

OKR如何实现激励

OKR与绩效考核分离可以实现激励吗？答案是，可以。激励分为物质激励和精神激励，OKR对员工自驱力的提升可以更好地实现精神激励，让其工作更有动力。同时，OKR也可以作为绩效之外的奖励依据，弥补绩效考核的不足之处。

驱动力 3.0：自主 + 目的 + 专精

现在人们不仅要追求物质生活，还要追求精神生活，对工作的意义和环境有更高的需求。因此，现在的员工更适合用驱动力3.0来激励，即"自主+目的+专精"。

（1）自主

自主指的是员工有权利决定自己要做什么。如果管理者总是把员工当成机器人，只给指令，不给自主权，员工就会失去对工作的热情。只有让员工做自己想做的事情，才能最大地激发员工的工作动力。

（2）目的

管理者要帮助员工找到工作的"目的"，给员工找到自己的工作使命，要和员工深入沟通，了解他的工作目的，有没有特别想实现的目标，他的价值观是什么等。之后，管理者要把员工和企业双方的需求、目标结合在一起，以实现双赢，让员工有动力充分发挥自己的能力去完成工作。

（3）专精

当员工已经有自主意识和工作目的，管理者还需要及时给予指导帮助。没有人天生就会很多技能，但是技能可以逐渐培养。管理者要把控员工工作的前进方向，让员工在工作过程中不断提升自己，让他感受到自己能把想做的事情做得越来越好。只要员工能不断获得工作正反馈，他就愿意不断地付出更多努力。

总的来说，管理者一边要大胆放手，让员工自己发挥；另一边还要谨慎把控，时刻关心员工的工作进展。这是一个动态平衡的过程。在这个过程中，管理者要及时了解员工当下遇到的困难，并给他所需要的资源和帮助，避免他被困难打倒，消耗过多的自信和耐心。

因此，OKR在员工激励方面，管理者不能真的撒手不管，而是在员工有需要的时候及时提供帮助，这尤其考验管理者的经验和能力。

物质奖励外化激励效果

在OKR实施的过程中，为了强化OKR对员工的激励作用，企业管理者可以为OKR设置单独的奖项，用来鼓励那些OKR完成得优秀的员工。在OKR的推动、团队协作、鼓励责任承诺和创新突破方面，企业管理者都可以设置不同的奖项。

（1）鼓励设置推动OKR落地的激励奖项

在企业刚刚引入OKR时，为了推动OKR的落地应用，企业管理者可以设置一些奖项，并在季度OKR或年度OKR完成时评估员工的工作并为其颁发以下这些奖项。

OKR大使奖。OKR大使奖用来奖励那些OKR完成得十分优秀的员工，这些员工需要具备以下特点：OKR目标具有挑战性；积极更新并分享OKR进度；积极分享OKR实施过程中的技巧和经验；能够辅导其他员工制定OKR。

OKR优秀团队奖。获得OKR优秀团队奖的团队需要具备以下几方面的特征：部门OKR完成得优秀；部门目标具有挑战性；部门员工都参与到

OKR之中并贡献出自己的力量；部门能够定期跟踪OKR的进展，能够及时召开周例会等会议。

（2）鼓励团队协作的激励奖项

企业实施OKR的最终目的是实现企业层级的目标，在推动企业目标实现的过程中，团队间协作是十分重要的。因此，企业管理者有必要设置鼓励团队协作的奖项，引起员工对团队协作的重视。

团队协作奖。在季度末或年度末，企业管理者也需要奖励在OKR实施过程中表现突出的团队。企业管理者可以设置团队协作奖来奖励OKR完成得优秀的团队。在具体的奖金分配上，企业管理者可以设置部门奖金池，将个人OKR完成情况与部门奖金挂钩。

全员认可奖。针对员工设计的全员认可奖也可以鼓励团队间协作，在设置全员认可奖时，企业管理者尝试以下方法。

企业管理者需要设置专门的"勋章"，每个员工每月发放10枚勋章。这10枚勋章的规则是，员工的勋章只能赠送给其他员工，是员工对在工作中帮助过自己的员工进行的积极反馈。同时，每月没有送出的勋章将被清零。员工赠送勋章的过程是公开、透明的，员工必须在公开的记录表上填写赠送的理由。

企业管理者需要为勋章设置榜单，根据员工勋章的数量评出"季度之星""年度之星"等。同时，获得"季度之星"和"年度之星"的员工可以凭借自己的勋章兑换相应的奖品。

（3）鼓励责任承诺的激励奖项

在OKR实施的过程中，当员工、团队的工作取得突破性进展时，企业管理者也要给予奖励。这种鼓励责任承诺的奖项可以按月度发放。

个人优秀奖。个人优秀奖可以是结合员工的个人需求而给予其的个性化奖励。个人优秀奖的奖品不一定是钱，也可以是假期、数码产品、运动装备等。这种奖励更加人性化，能够让员工感受到企业的人文关怀。

团队庆功奖。在OKR实施的过程中，在团队的OKR工作取得了重大进展后，企业管理者可以通过组织团队活动为员工庆功。团队活动的形式是多样的，可以是团队聚餐、团队旅游等。

（4）鼓励创新突破的激励奖项

OKR鼓励员工不断挑战，企业管理者也可以设计鼓励团队或个人的创新奖项。这种奖项的鼓励必须是及时的，且能够满足员工的心理预期。

OKR优胜项目奖。获得OKR优胜项目奖的项目要具有挑战性和创新性。项目的挑战性体现在比预期时间提前完成或项目结果的标准提升等方面。

OKR创新突破奖。OKR创新突破奖是奖励给实现创新突破的个人或团队的。在个人或团队研发出创新产品时，企业管理者可以为个人或团队发放该奖项。

OKR强调的是对员工内在动力的驱动，为OKR设置奖项，通过适当的物质奖励，能够强化OKR对员工的激励效果。在设置OKR奖项时，企业管理者可根据企业自身的实际情况选择OKR的类别。

长期的股权激励

OKR可以识别出具有潜力、勇于挑战、工作能力强的优秀员工，企业管理者可以在OKR评估的基础上，结合员工的职务、工龄等因素，从中选择出一些优秀员工，为其分配部分股权，使其成为企业的合伙人。

为优秀员工分配股权是一种长期激励的方式,主要有两方面的好处:一方面,是对于优秀员工的长期激励,能够长期激发员工工作潜能;另一方面,能够促使优秀员工在设定自己的目标和关键结果时更加靠近企业的目标和关键结果,促使员工将自己的目标更加聚焦于企业的目标。

企业管理者在识别可以分配股权的优秀员工时,可以分析员工的三个要素,即工作贡献、员工工龄以及员工职务,如图6-2所示。

工作贡献　　员工工龄

员工职务

图6-2　分析优秀员工的三个要素

首先,通过员工的OKR完成情况来分析员工的工作贡献是企业管理者挑选优秀员工的主要依据。OKR的完成情况能够显示出员工的工作能力、创新能力和勇于挑战的品质,这些都是推动企业发展的重要因素。因此,对于这样的员工,企业管理者可以为其分配股权。

其次,除了员工的工作贡献,企业管理者在为员工分配股权时,还需要考虑员工的工龄。员工工龄的长短是衡量员工稳定性的重要因素。

一般而言，工龄越长的员工对企业业务也更熟悉，工作效率也会越高，他们在OKR实施过程中所做的贡献也会越多。很多工龄长的员工是在企业创业之初入职，他们的付出支撑着企业的发展，而且工龄长的员工，更能说明他们对企业有着很强的认同感。假如企业管理者再给他们分配相应的股权，他们会更有归属感，也会继续为企业创造价值。

而对于一些工龄过短的员工，企业管理者难以判断其稳定性，因此不能随意为其分配股权。在股权分配方面，企业管理者可以设定一个界限，如工龄满三年的员工才可以参与股权分配。

最后，企业管理者在为员工分配股权时还要考虑员工的职务。员工的职务越高，其承担的风险也就越大。职务高的员工应该分得更多的股权，假如对高层级员工与普通员工实行一样的分配标准，则很难起到激励高层级员工的作用。因此，员工职位的高低也是企业管理者在为员工分配股权时需要考虑的因素。

总之，企业管理者若将分配股权作为OKR的激励方式，员工在OKR实施的过程中所做的贡献是企业管理者考虑的主要因素。此外，员工的工龄和员工的职务都是企业管理者在进一步分析时需要考虑的影响因素。同时，企业管理者在OKR中实行股权激励时，一定要在OKR实施之前就制定好完善的激励制度，让员工了解激励的规则，做到公开、透明。

持续绩效管理：实时反馈，定期检查

持续绩效管理是一种连续、及时、多方向的绩效管理方式。这种方式让目标设定和跟踪、每季度签到、绩效反馈等绩效管理工作全年持续进行，有助于将绩效管理工作转变为无缝、持续的对话，从而在企业内形成强大的反馈文化。

评估分值在 0.6 分至 0.7 分之间

在实施OKR的过程中，为了清楚地了解员工的工作情况，企业管理者需要制定完善的OKR评估标准。企业管理者可以根据员工考核的分值来衡量员工的工作水平。

谷歌建立了完善的OKR考核标准。在每个季度末期，谷歌的每个员工平均要接受五个方面的OKR考核，如果某一位员工的考核项目太多，就说明其被解雇的可能性较大。OKR考核的分值在0到1分范围内，合理的OKR考核分值一般在0.6分至0.7分之间，太高或太低都不好。如果分值太高，说明员工OKR的目标设定得太简单；如果分值太低，则表明员工的工作能力不足或工作方式出现了问题。

谷歌对OKR评分制度的规定有以下四个方面：

①目标必须是能够表现出野心的，需要有一定的难度（由个人和企业共同设定）。

②关键结果必须是可衡量的，并且能够量化（每个季度末对关键结果打分）。

③OKR的成绩及关键结果是公开的，企业的每个员工都能够了解其他同事的工作以及他们过去一段时间的表现。

④最理想的OKR分值介于0.6分至0.7分之间，如果某位员工连续几次拿

到1分，那说明他的OKR目标难度不够。另外，获得低分的员工也不应该受到责罚，企业管理者可以通过分析工作数据，帮助他改进下一季度的OKR目标。

OKR的目的是激发企业员工的野心，让他们自发挑战有难度的工作，即使只完成有挑战难度的目标的50%，也要好于完成过低目标的100%。

在评估员工的OKR时，不管员工分值的高低，企业管理者都应对OKR的内容或者员工的工作展开调查，以便有针对性地改进OKR方案或帮助员工改进工作。

持续绩效管理与传统绩效评估

持续绩效管理与传统绩效评估有何不同？以足球队为例，一支有一位教练每年只固定指导一次的球队和一支有一群教练随时积极规划策略、指导球员的球队，哪一支更容易赢得比赛？答案是显而易见的。

传统绩效评估就像前者，不管球队如何变化，教练也只是按照固定流程提供指导。这种评估方式很难考虑当下的变化，会导致效率低下、生产力下降，并且影响企业文化。一般的传统绩效评估都是回顾员工过去一年的绩效成绩，但是这无法及时反映当前情况，导致反馈来得太晚，员工无法及时改进。

对于越复杂、越不熟悉的任务，调整所花费的时间和精力就越多。传统绩效评估将所有的问题都集中于一个时间点解决，这样既会导致反馈滞后、问题不能及时得到解决，又会增加员工调整工作的困难度。

而在持续绩效管理过程中，目标可以随着业务人员的变化而调整。每个人都能看到目标，可以让员工体会到过程的公平，激励他们对团队做出更大的承诺。下面是持续绩效管理的六要素。

（1）一对一

员工与其主管领导的一对一绩效对话应定期进行，最好能每周一次。因为这是一个可以提供实时反馈、同步目标、扫除障碍的简单方式。与年度审查员工相比，这种定期进行一对一绩效对话的方式更能提升工作效率。

（2）360度评价

在360度评价中，员工不仅会收到主管领导的反馈，还会收到同事的反馈。这让绩效评估从考核变成了一种交流。而且员工从同事那里得到的反馈不那么具有威胁性，同事可以为他们提供多样化的观点，让他们更全面地了解工作的全貌。

（3）绩效评估和签到

绩效评估和签到越有规律地进行，持续绩效管理就越有用、越准确。比起一年进行一次绩效评估，每季度进行一次绩效评估，更有助于新工作的完成、发现挑战以及变化。因为对员工来说，所有的工作都还记忆犹新，反馈对他们来说也会更有价值。

（4）认可与奖励

当老板对员工的工作表示赞赏时，80%的员工会更加努力工作。但是这种反馈也是有时效的，一般即时奖励的效果最好，奖励反馈得越晚，对员工的激励效果就越弱。

（5）目标设定和管理

目标是任何绩效管理模式的组成部分，也是使组织保持一致性的关键。因此，企业要确保员工目标与企业目标一致。然后，将目标跟踪整合到每周一对一的签到中，以保证员工的工作方向不偏离。

（6）调查

企业绩效管理计划应该是动态的，并且能够根据企业的现状实时做出反应。因此，企业需要密切关注文化氛围的变化，并定期调查征求员工意见，以了解员工的敬业度、对领导的信任、对企业的信心等。此外，这样还能向员工表明企业关心每一个人的想法和意见，从而增强员工对企业的信任。

为什么OKR可以帮助企业实现持续绩效管理

与传统绩效评估相比，持续绩效管理更关注过程，时刻注意跟员工进行沟通，反馈工作中的问题。也正因如此，很多企业借助OKR来实现持续绩效管理。

首先，OKR可以让团队在月度初或季度初，明确工作方向和关键结果，保障员工不偏离目标。

其次，OKR所倡导的跟踪和复盘，让团队成员有了更多沟通交流的机会。在跟踪过程中，团队成员可以通过周例会等充分沟通当前的进展、问题与风险。如果问题与某人相关，就可以及时反馈给对方。此外，管理者也可以每天关注大家反馈的问题，及时了解员工状态，并及时沟通，快速优化改进。

持续绩效管理强调在过程中及时调整。对此，OKR可以帮助上下级及时沟通，保证问题整改及时落地。因此，在国外企业的管理中，非常强调上下级的一对一的沟通，鼓励员工之间及时反馈，同时及时奖励那些做得不错的员工。

OKR最终需要员工进行自评，由于全员透明的文化，员工自评也不会随意打分，因为所有人都对彼此的工作比较了解，这样可以让每个人都变得公正而客观。因此，如果是对考核没有太多严苛要求的企业，只要按照OKR执行推进，就可以较好地完成绩效落地。

如何过渡到持续绩效管理

许多企业都在转向持续绩效管理，但只要是变革就会存在挑战。持续绩效管理的理念可能会让那些在职级制度下成长起来的管理者感到不舒服，定期的绩效辅导可能会成为他们的负担。因此，企业在抛弃传统的绩效评估模式之前，需要明确一些问题，例如，绩效和薪酬如何关联、如何衡量员工的进步、如何激励个人学习新技能等。从传统绩效评估到持续绩效管理是一个过程，而不是一蹴而就的事。

（1）梳理绩效流程

在向持续绩效管理转变之前，企业需要先确定现有的绩效流程中哪些信息有效、哪些信息无效。这个过程需要让企业各个层面的员工参与进来，以确保了解最真实的信息。在梳理过程中，企业可以明确一些问题，例如，如果不给员工打分，如何计算薪酬和奖金？如何衡量员工的绩效？如何判断员工的晋升和解雇？如何建立一个与全企业职位相关的系统？一旦企业找出了旧系统的障碍，就可以很快找到建立新系统的方向。

（2）建立灵活性

现在的员工很少独立负责一项工作，更多时候是在各个团队和项目中流动地工作。对此，企业应该如何把握员工的工作价值呢？持续绩效管理模式应该考虑到员工的目标在一年中可能会变化几次的情况，因此，企业要确保改进的绩效流程与每一个员工相关，无论采用何种方式，都能及时进行跟踪记录，并给予反馈。记录的频率可以是每周一次、每月两次等，目的是让员工及时得到业绩反馈，而不是一年才反馈一次。

（3）进行管理者培训

如果企业决定从年度考核转变为持续绩效管理，那么就需要为团队管理者提供额外的培训和发展计划，特别是那些习惯于用权威和恐惧来激励团队的管理者。这些团队管理者需要学习辅导、对话、目标设定技巧，以便于他们更高效地处理绩效问题。例如，管理者在进行绩效辅导时需要问一些更具体的问题，而不是例行公事地问一句"怎么样了"。

除此之外，企业还需要给这些团队管理者下达具体的目标，例如，每两周对每个员工进行辅导，帮助员工取得更好的业绩。另外，企业还可以使用特定平台或软件来保存这些辅导记录，让团队管理者和员工都可以随时访问，从而使重要的提醒更容易传达，使每个人都能不偏离正轨。

（4）解决管理者超负荷工作的问题

企业在启用持续绩效管理之前，必须要考虑到团队管理者工作负荷的问题。无论多么成熟的管理者也不可能为100个员工每两周就提供一次个人绩效辅导。因此，如果企业的架构偏扁平化，几个管理者负责几十个员工的工作，那么企业可能要先重组更小的团队，再推广持续绩效管理。

（5）先让所有人接受变化

在企业从年度考核转变为持续绩效管理之前，企业需要让每个员工接受这一变化。因为这一变化并非单纯地改变管理制度，它意味着一种新的工作风格，它更具协作性、灵活性和激励性，所以企业需要提前提供培训，让每个员工都知道新系统的使用方法。

管理案例：积极授权，营造开放的企业氛围

在实施OKR的过程中，管理者应该扮演什么样的角色？这是很多管理者都会遇到的问题。OKR不同于KPI，它讲究公开透明、彼此协作，让员工积极主动地工作。因此，管理者也要成为一名"教练"。所谓"教练"，不是培训员工OKR的老师，而是在管理团队时，负责用OKR制定工作目标，并运用技巧挖掘员工潜力，辅助团队实现目标，提升业绩的人。

在企业实施OKR的过程中，只有管理者率先转变思维，开放授权，才能真正让OKR在企业中发挥作用。

利腾科技是一家软件公司，主要业务是为企业提供客户体验管理软件，帮助他们的品牌与消费者建立信任。该公司的业务遍布全球34个国家和地区，月访问量达一亿人次。

然而该公司在发展过程中却遇到了一些问题，例如，员工不知如何支持公司目标；员工不知道其他同事在干什么，彼此无法协作；管理层希望建立一个公共平台，既能分享公司目标，又能保持团队的灵活性。

为了解决上述问题，利腾科技决定使用OKR进行目标管理与沟通，以改变目前传统的目标管理制度，形成一个更加透明、灵活、敏捷的目标执行模式。利腾科技的人力资源副总裁这样制定OKR："我们希望给每位员工授权，让他们自己制定目标，了解公司发生的一切，并以自己的方式提升与发展。"

利腾科技通过引入OKR，积极给员工授权，形成了开放、包容的企业氛围，具体表现如下：

①公司目标简单可见，员工更容易理解公司目标与个人目标的关系；

②员工在制定目标时会考虑与公司、团队、其他同事目标的相关性，制定的目标更加有意义；

③员工更积极地参与OKR的制定，积极地了解同事的工作，并把自己的工作分享给其他人。

随着员工个人价值的提升，专制型管理方法已经不能发挥很大作用了。管理者是推动OKR落地的关键人物，如果他不能转变角色，采取开放、包容的管理方法，那么OKR就很难在企业中成功实践。

第7章

复盘OKR：阶段性总结，提升OKR质量

复盘是实施OKR过程中非常重要的环节，旨在回顾这一阶段OKR的完成情况，并指导提升下一阶段OKR的质量。企业想要建立完善的OKR管理体系，必须重视复盘工作。

四步复盘法

OKR复盘可以分四步进行，即回顾目标、完成度分析、收集反馈、总结经验。

回顾目标

复盘流程的第一步就是回顾OKR最初的目标。回顾OKR的目标是为了让参与复盘会议的人心中有数，让他们明白会议的主题，同时了解OKR最初的目标，这样才能够对OKR的完成情况做出准确的评判。

在复盘会议的开始时，企业管理者要引导员工思考并讨论以下四个问题，以帮助员工回顾OKR最初的目标：

①OKR是如何从提出到立项的？
②OKR要实现的目标是什么？
③最初的OKR计划是怎样的？
④对于OKR的预期的风险和应对措施是怎样的？

了解实施OKR的初衷、OKR的最初目标、由此产生的OKR计划和风险应对措施等能够全面地对最初的OKR进行梳理，从而使员工更加明确OKR最初的目标。

在OKR实施的过程中，可能会因为环境的变化、工作侧重点变化等因素导致OKR偏离初衷。所以，在对OKR进行复盘的时候，企业管理者需要带领员工回顾OKR实施最初的目标。

完成度分析

在回顾OKR最初的目标后，企业管理者需要分析最初的目标和现在完成的目标之间的差距和差异。同样，企业管理者需要带领员工讨论以下四个问题。

①OKR最初的目标有没有实现？

②OKR最初制订的计划是如何执行的？（包括进度计划、成本计划等）

③此前对于OKR的风险预期是否准确？团队针对风险的应对措施是否有效？

④OKR实施过程中遇到的哪些问题是意料之外的？有什么影响？发生的原因是什么？

将OKR最初的目标和最后实现的结果进行对比，企业管理者就能够发现两者之间的差别。最初目标和最后结果的对比，可能会产生以下四种结果。

第一种：最后结果和最初目标一致，OKR完成了之前所制定的目标。

第二种：最后结果超越了最初目标，OKR的完成情况比最初的目标要好。

第三种：最后结果没有达到最初目标，OKR的完成情况比最初的目标要差。

第四种：最后结果中出现了最初目标中没有的工作，是在OKR实施的过程中新添加进来的。

OKR的完成情况可能会产生以上四种结果，对比最后结果和最初目标不仅是为了发现差距，更是为了发现问题。对于最后结果和最初目标之间的差距，企业管理者要思考原因。

收集反馈

在找到最后结果和最初目标的差距后，企业管理者接下来的工作就是分析原因。在分析原因时，企业管理者需要引导员工思考并讨论以下三个问题：

①OKR的最初目标没有实现的原因是什么？（可以从主观和客观两个方面分别分析）

②风险应对措施效果不好的原因是什么？

③为什么有些在OKR实施过程中产生的问题未被提前识别为风险？

如果OKR的最后结果完成了OKR的最初目标，企业管理者也要引导员工思考并讨论以下两个问题。

①OKR最后结果达到最初目标的原因是什么？

②促进OKR最初目标顺利实现的有利因素中，哪些具有普遍性，能够将成功的经验应用于之后的OKR中？

这些问题是针对全体员工的，全体员工都要站在自己的立场上对这些问题进行自我剖析。产品部门经理可以从部门管理的角度来剖析，人力资源部门经理可以从管理制度的角度来剖析，基层员工可以从自身业务规划的角度来剖析。

在倾听员工的自我剖析时，企业管理者要分析员工的自我剖析是否客观。同时，对于员工的自我剖析，企业管理者也要从中总结出哪些是员工自身的问题，哪些是客观因素导致的。

通过分析影响或促使OKR目标顺利实现的主观原因和客观原因，企业管理者能够对OKR实施的整个过程有更全面的认知。同时，企业管理者还可以在员工的自我剖析中对部门或员工的优缺点有更深刻的了解。

总结经验

在复盘会议的最后，对复盘会议进行归纳总结是十分关键的一步。复盘会议的回顾目标、判断结果、分析原因、归纳总结等步骤都是为最后的归纳总结服务的。归纳总结是对整个复盘会议的回顾，而分析原因得出的那些结论是企业管理者在进行归纳总结时需要重点回顾的内容。

复盘得出的结论必须是可靠的，企业管理者可以从以下四个方面来分析结论的可靠性。

（1）复盘结论是否是通过偶发性因素得来的？

如果复盘结论是通过偶发性得来的，那就是错误的结论。如果复盘结论没有经过逻辑的验证，那结论就是不可信的。

（2）复盘结论针对的是人还是事？

如果复盘结论是针对人的，那可能说明这个复盘结论是不准确的。因为复盘结论是规律性的认识，而人是各不相同的。如果复盘结论针对的是事，那么复盘结论会更加体现出规律性。这个"事"不仅指某件具体的事，更包括人之外的事物。可靠的复盘结论不是针对人，而是从事物的本质去分析的。

（3）复盘结论是否经过连续的追问？

对于复盘得出的结论，企业管理者至少要进行三次连续追问。如果企业管理者没有进行追问或者追问的次数不够，就可能会导致复盘结论是浅显的，也会使企业管理者抓不住问题的根本原因。而对复盘结论进行追问，有利于企业管理者通过分析问题找到准确的答案。

（4）复盘结论是否经过了交叉验证？

正如刑事诉讼中的"孤证不能定案"，交叉验证也可以为复盘结论的可靠性提供保障。除了从因果关系方面来验证复盘结论，企业管理者还可以通过其他案例对复盘结论进行佐证。在选择佐证的案例时，所选的案例应该是同行业的类似事件。

对复盘会议的归纳总结并不是总结完就结束的，企业管理者还需要根据归纳总结得到的结论对此前OKR实施过程中出现的各种问题制定改进方案。制定OKR的改进方案不一定是对其中某一个问题的改进，而可能是一系列的、系统的改进方案。

在制定OKR的改进方案时，由于方案的复杂性，企业管理者可能不能在复盘会议上制定出完善的改进方案。同时，在改进方案的细化上，企业管理者需要与不同的部门负责人沟通交流。因此，关于OKR的改进方案，企业管理者可以在复盘会议后逐步完善。

复盘会议的整个过程都需要请专门的负责人进行记录并整理归档。在OKR改进方案的落实方面，企业管理者也必须确定专门的负责人。在OKR改进方案的实施过程中，对改进方案的监督也是很有必要的，企业管理者需要严格监督复盘改进方案的执行力度，保障信息传达的畅通性，确保OKR的改进工作能够落实，从而提升OKR复盘的有效性。

对于OKR复盘中存在的问题，企业管理者需要在下一次OKR复盘时重新讨论，确认这些问题是否解决，从而验证之前的改进方案是否有效。企业的OKR也会在持续的改进中实现优化和迭代。

对OKR进行归纳总结是企业实施OKR时不可或缺的一部分。一场成功的复盘能够对OKR的制定和成果进行高质量的归纳总结，对企业管理者的决策和企业的发展方向有很关键的指导作用。

优化复盘效果

不能让复盘流于形式，要重视质量，并得出结论和解决办法。只有直达痛点的复盘，才能指导下一个阶段的工作。

定期复盘，形成习惯

浙江一家电商企业的管理者在进行OKR的定期复盘时，发现某季度的客户满意度下降明显。企业管理者随后针对这一问题进行调查，同时对OKR的每个环节进行反思，终于发现问题所在。

原来在季度中期，该电商企业展开了一场产品促销活动。企业管理者经过数据分析，发现活动期间客服部电话的接通率只有20%，而在非活动期间客服部的电话接通率也仅为60%。

了解了这一问题后，该电商企业的管理者随后调整了客服部的OKR，将使电话接通率达到90%确定为客服部的目标之一，客服人员也根据这一新目标制定了自己的关键结果。经过一段时间的改善，客服部的电话接通率达到了90%，同时，客户的满意度也有所提高。

客服部的电话接通率问题得到了解决，但在OKR实施的下一个季度中，企业管理者发现客户的满意度虽有所提升却还是没有达到理想的水平。于是，在OKR的复盘会议中，企业管理者又对业务的整个流程进行反思，发现客服人员的服务态度虽然很好，但是对客户所反映的问题的解决效率却很低。

服务态度并不能从根本上提高客户的满意度，了解这一点后，企业管理者又为客服部制定了"将顾客反映的问题解决率提升至95%"的目标，使客服部的工作以"解决问题"为导向。在这个目标的要求下，客服人员精简了不必要的关键结果，将关键结果的设定转移到"解决问题"这一目标上来。经过一段时间的改善，客户的满意度终于达到了理想水平。

在以上案例中，该电商企业在提升客户满意度方面进行了两次自省，而自省也是企业管理者发现问题的关键。企业保持自省能促进企业管理流程和业务流程的优化以及目标的实现。

在进行OKR复盘时，企业管理者可以借此机会对OKR的目标、流程等进行自省，帮助企业在发展过程中少走弯路。通过在OKR复盘中自省整个OKR的实施过程，企业管理者能够从各方面不断对OKR进行调整、优化，提高员工处理问题的效率和企业的运行效率，逐步完善和优化企业的管理流程和业务流程，最终推动企业目标的实现。

简化过程，减少工作量

奥卡姆剃刀定律也称"奥康的剃刀"，奥卡姆剃刀定律要求"如无必要，勿增实体"，体现的是简单、有效的原则。企业管理者在进行OKR复盘时，为提升复盘的质量，企业管理者就需要运用奥卡姆剃刀定律对OKR进行精简。

将奥卡姆剃刀定律运用到OKR复盘中，可以使企业的管理更加简洁、高效。其实也可以说，OKR就是企业的奥卡姆剃刀，帮助企业过滤掉无用的程序和形式主义，只将企业的目标和关键结果筛选出来，让OKR成为企业发展最强有力的辅助工具。

在企业引入OKR的新形势下，奥卡姆剃刀定律要求企业管理者对其管理做减法。这种减法表现在两个方面：一方面是要精简OKR；另一方面是要重视OKR中评估以外的关键要素。

在企业实施OKR的过程中，各层级企业员工需要的是引导而不是约束，虽然约束能够减少差错，但约束同样也会限制企业员工的发展。另外，在共享经济时代的背景下，OKR要求企业在执行战略时要简单明了、突出重点，要让员工能用最短的时间来熟悉企业的OKR决策和特性。

许多管理体系随时代的发展已经不再适应企业的需求，这就需要企业管理者对于企业自身的管理体系进行周期性完善和简化，使之不断适应企业和员工的需求。

奥卡姆剃刀定律对OKR提出了更高要求。例如，企业管理者如果无法从几个目标中找出最具价值的那一个，那就只能全部实施，用实际结果来检验。但是，奥卡姆剃刀定律要求凡事做好准备，选择出最佳方案，使企业上下能够以最快的速度实施OKR。

因此，在进行OKR复盘时，企业管理者需要从奥卡姆剃刀定律的角度来思考以下几个问题：企业接触的信息是否过于繁杂？所使用的各种流程、指标、报表是否必要、有效？以此为基础实施的OKR是否能够高效率、高质量地提升企业的战略执行能力？

如果这些答案是否定的，这时企业管理者就需要思考如何才能实施真正有效的OKR。从奥卡姆剃刀定律的角度来说，这一问题的答案就是对OKR体系做减法。

减法也体现在OKR的评估方面。企业管理者在对员工进行评估时要抓住重点，例如把员工的可量化关键结果、对企业目标的认同等作为主要的评估依据，摒弃一些作用不大的评估因素，这样可使评估更加简易、有效。

奥卡姆剃刀定律要求企业管理者对OKR做减法，使其简单、准确。将OKR复盘与奥卡姆剃刀定律结合，可以有效精简OKR在实施过程中的不必要的流程，有利于推动OKR的高效实施。

深度复盘，直达痛点

什么样的复盘是有深度的？答案是真正直击痛点的复盘。因此，管理者不要怕团队成员在复盘过程中意见有分歧，发生争吵，而应鼓励大家提出以不同意见。但是，管理者要注意，在复盘过程中要避免使用指责、追责的提问方式，要给团队创造一个安全的环境，让员工明白，就算发现了错误和疏忽，也不会产生任何消极的后果，重要的是总结下次怎么做得更好。

无论是组织还是个人，都是通过复盘进行迭代并向前发展的。失败是创新的常态，管理者不要把复盘会开成"批斗会"，而是要把复盘看作一个学习的机会，深入问题的核心，总结经验，避免再次犯错。

另外，管理者不要觉得自己什么都懂，要承认自己要依靠整个团队的能力去做好业务，要有意识地往后站。管理者可以以身作则分享自己的一些担忧或承认自己的不足等，让员工觉得管理者也不能面面俱到，也需要依靠团队的共同努力。这样的安全环境建立起来后，复盘才会更彻底。

除此之外，在OKR的复盘会中，既对事又对人。管理者要勇敢地去了解一个人对于一件事的看法。如果观察到员工有迟疑、有保留，就要大方提问他对这件事的看法、感受，关注个体在执行计划过程中的感受比列出一堆新行动计划更有利于下一次的行动。

管理者可以从优势角度去看员工，回顾他在上个阶段的闪光时刻，这些闪光时刻可能恰好是发挥出他优势的部分。管理者可以把这些时刻提炼出来，给每个人赋能，将他们的优势和OKR相结合，形成持续的提升。

管理案例：内化员工的积极性

"考核什么，就得到什么"，这是管理者在设计考核时的常见思路。这个思路隐含着一个假设：考核结果的好坏对应着奖励和惩罚，这些会对员工产生激励作用。

趋势专家丹尼尔·平克曾经在《驱动力》一书中指出，"胡萝卜加大棒"这种考核方式会降低员工的积极性，抑制他们的创造力，置长远结果于不顾的人越来越多。企业中没有报酬的任务很难再吸引员工的注意，随之而来的则是功利主义盛行和企业整体的短视化。

如今，"90后"员工逐渐成为企业用工的主体，他们成长环境优渥，更追求自我实现的精神需求。工作是否愉悦是他们选择工作的重要标准。

第7章 复盘OKR：阶段性总结，提升OKR质量

而企业作为人才需求方，要关注当前的人才特点，重视员工的精神需求。而OKR所遵循的激励机制，正好可以充分发挥员工的内驱力。

内驱力是指建立在员工自信心基础上的一种自我达成的成功精神。内驱力归根到底是员工自身一种内在的动机或情感、心理因素，只有内化为一种内在意识才能影响或控制自己且不受他人控制。

我们在给一家企业做咨询时，遇到了一位很年轻的程序员。他给我们分享了他的工作经历：大学毕业之后，他在广东深圳一家软件公司工作。他从早上9点到晚上5点是为公司工作，从晚上7点左右到晚上12点左右做开源软件开发。所以说他基本上每天投入在编程方面的时间大约有13个小时。而且，给开源软件做开发工作是没有任何经济上的回报。我问他为什么要这么做？他说，就是单纯地喜欢编程，享受编程的乐趣。

由于他的出色表现，当开源软件社区的一位大咖创建一家数据库管理软件公司的时候，就把他从深圳请到了北京。当我问他对新公司有什么期待的时候，他的回答是：不要让那些条条框框来妨碍编程。

当一个人对一件事情感兴趣的时候，对他来说做这件事情就有很多的乐趣，他就充满了内驱力。

OKR是如何提升内驱力的？员工在参与OKR共创的时候，在一定程度上就把他的工作从"老板要我做的事情"转变成了"我要做的事情"，因为他在共创时有机会自由发表他对业务的理解，并提出自己的建议。

究竟什么能给人带来内驱力？除了乐趣，还有一个因素就是做这件事情的意义。我在诺基亚工作的时候，曾经带过一个软件应用支持团队。这个团队的主要工作是为企业内部的业务部门解决他们在使用软件时遇到的各种各样的问题。我们发现不少同事表示不感兴趣，他们觉得这件事情

太无聊、太琐碎了,每天只是检查邮件、电话记录,然后解决软件使用过程当中一些细碎的问题。他们更倾向加入开发团队,然后做出一些软件产品,这样才更有成就感。

当我们观察到这种情况之后,就让我们的团队成员定期拜访各个部门,包括销售、采购、生产这样的业务部门,也有财务部、人力资源部这样的支持部门。在和这些部门员工的交流过程中,团队成员发现他们每解决一个问题,都给业务带来了一些价值,可能是更快地处理了客户的订单,也可能是找到了更好的供应途径,或者说财务部的同事可以更快更好地完成月底结账,不需要加班了。通过改善这些事情带来的价值是,团队成员的工作积极性得到了很大提高。

在共创OKR中,员工知道了他的日常工作最终产生的业务影响是什么。

在OKR体系的管理下,这些技术人才在选择、调整工作方面具有更高的自由度。工作自由程度的提高激发了技术人才对于工作的兴趣和积极性,由此他们能够在工作中更加充分地发挥自己的创造性。

由此可见,有效的考核制度并不是为了考核而考核,而是要营造一种有趣、自主、重视人才发展的企业文化,让员工主动地朝着目标迈进。

第8章

风险挑战：掌控OKR推行节奏

如果OKR实施不当，反而会浪费时间、精力。对企业与员工来说，实施OKR既是机遇也是挑战，OKR可以精简流程，提升工作效率，但也会打乱企业原本的节奏。因此，企业需要做好准备，运用科学、有效的方法应对挑战，掌控OKR推行节奏。

企业推行OKR的挑战

不同企业在推行OKR时会面临不同的挑战，例如创业企业可能会面临更大的生存风险，而传统企业可能会遇到推行受阻，面临更大的管理风险等。

对创业企业的挑战

创业企业规模较小，存在事务繁杂、资金缺乏等问题，同时创业企业在发展过程中的风险和压力也很大。创业企业实施OKR时遇到的挑战来自很多方面，企业管理者在各方面都要提前制定相应的应对方案。

首先，创业企业的琐事较为繁杂，员工也可能是身兼数职。由于企业正处于起步阶段，员工工作内容的技术含量也低于传统的大企业。例如员工需要反复改进产品、接听和拨打客户电话等，员工的工作内容是琐碎的。

对于员工的这种工作现状，企业管理者应该如何制定OKR？企业管理者需要分析员工每一项工作的目的，通过分析目的将一些琐碎的工作汇总起来。例如，改进产品、接听和拨打客户电话等工作都会实现"改进产品，提升客户满意度"这个目标。然后将员工的工作分类。

明确了目标之后，企业管理者还要思考目标是否与企业的发展战略相匹配。同时，在思考如何实现目标时，企业管理者需要完善员工的工作并有针对性地为员工分配任务。如果能够做到以目标为中心逐步细化工作，就能够充分调动每一位员工的积极性。此外，每一位企业管理者都希望企业能够发展壮大，但是企业发展过程中存在诸多风险，对创业企业而言更是如此。创业企业面临着资金链断裂、市场环境变化、同行间的竞争等风险，很多创业企业都难以存活过一年。

既然企业未来的发展难以确定，企业管理者就应该采取更加积极、有效的OKR管理方式。创业企业的员工在工作中更有拼搏的勇气、更有挑战自我的意愿，企业管理者在企业内实施OKR能够激发员工工作的积极性和创造性，推动企业快速成长，这样才能更好地面对未来的风险。

其次，创业企业往往存在资金短缺的问题，在员工的薪酬福利方面，创业企业没有较强的吸引力。同时，由于资金缺乏，不建议企业管理者在实施OKR时以设置奖金的方式来激励员工工作。

在对员工的激励方面，企业管理者可以充分发挥OKR自身对员工的激励作用。挑战性的目标，公开、透明的OKR实施过程都可以对员工起到很好的激励作用。

最后，创业企业的生存压力很大，这会让员工的工作同样存在很大的压力。除了面对未来许多未知的风险，创业企业若想生存还需要不断地发展，这无疑也加大了员工的压力。

在这种压力之下，企业管理者在制定OKR时一定要更加包容，要倾听员工的想法，同时OKR的制定也要反映员工的诉求。企业管理者要通过实施OKR让员工增强归属感，缓解员工的焦虑。

此外，为了使OKR能与企业的发展现状更好地结合，企业管理者在制定OKR时，还需要注意以下两点。

（1）制定较为模糊的目标

企业管理者需要制定较为模糊的目标，为员工的工作指明方向即可。

创业企业发展不稳定且容易受到外部环境变化的影响，因此，对创业企业来说，模糊的目标更为合适。

（2）不将OKR与绩效考核挂钩

实施OKR的重要价值在于对员工内在驱动力的激发，因此企业管理者在实施OKR时应更加关注员工OKR对员工的激励作用，不要太在意员工OKR评估的分数。

总之，由于创业企业在未来风险和企业生存方面存在巨大压力，其更要通过实施OKR来充分激发员工的潜力。此外，创业企业一定要注意增强员工的参与感和归属感，只有员工认同OKR，OKR的实施才会更加顺利。

对传统大企业的挑战

随着时代的发展，外部快速变化的市场环境对企业的发展提出更加严格的要求，而OKR作为能够激发企业活力的有效工具也逐渐被应用到传统大企业里。传统大企业的规模一般都较大，企业内部部门与业务众多，层级复杂，企业对员工的管理也较为严格。在实施OKR时，传统大企业面临着诸多挑战。

那么，传统大企业应如何迎接OKR的挑战？为了顺利推动OKR的实施，传统大企业需要在以下五个方面做出改变。

（1）建立扁平化的组织结构

传统大企业的组织结构从总经理到员工一般为5~6层，此外还存在子公司与母公司的关系。复杂的组织结构对于企业对外部信息的响应速度和内部信息的传递都是十分严峻的挑战。而传统大企业建立扁平化的组织结构不但能够解决此前企业中存在的问题，同时也是传统大企业实施OKR的必然要求，扁平化的组织结构有利于OKR的分解和各层级目标的聚焦。

（2）建立利益与风险共享的激励机制

为了更有效地激发员工的潜力，传统大企业在实施OKR时，需要建立利益与风险共享的激励机制。简单来说，就是企业可以将股权分配与OKR激励挂钩。

将股权分配与OKR的激励机制挂钩后，员工的目光就会更加聚焦于企业的发展，只有将利益与风险共享才能从根本上解决团队激励问题。这能够使员工在目标的设定上更容易达成一致，也能激发员工进行协作的主动性，更有利于OKR目标的达成。

（3）建立敏捷的精英团队

传统企业人员众多，如果在实施OKR的过程中做不好人员分配工作，就难以保证员工间的公平性。为了保证员工间的公平性，同时充分发挥每一位员工的潜能，企业有必要建立敏捷的精英团队。

以软件开发为例，一个开发团队只需要六名员工，就能够完成设计、研发、测试等工作，如果这个团队中有一名员工存在工作能力不足或与团队协作不畅等问题，都会导致团队无法完成任务。同时，由于团队规模小，每个员工对团队的运作来说都是十分重要的，而一旦出现问题，也能立刻发现，因此团队也能够实现高效合作。

（4）项目化运作的能力

实施OKR之后，传统大企业不会再按部就班地运营了，每个部门都会负责不同的项目。例如人力资源部负责的"领导能力提升"是一个项目，产品部的"研发新产品"也是一个项目。

在这些项目的运行中，为了保证顺利、高效地完成项目，不同部门资源的及时配合是十分重要的。传统大企业需要具备较强的项目化运作能力，这要求其废除以往作用不大的、烦琐的管理流程，精简管理流程。市场的变化是迅速的，只有具备较强的项目化运作能力才能更好地、有针对性地解决OKR实施过程中出现的各种问题，从而高效地完成OKR。

（5）结果导向的企业文化

OKR是聚焦于目标的，良好的企业文化能够推动OKR的顺利实施，传统大企业要建立以结果为导向的企业文化。传统大企业往往对员工的控制程度很高，员工工作的每项内容和每个步骤都是确定的，而在实施OKR时，传统大企业就要打破员工身上的这层"枷锁"。OKR追求对员工的内在激励，因此传统大企业就需要在OKR实施过程中弱化对员工的管理，着眼于目标，建立以结果为导向的企业文化。

传统大企业在实施OKR时，要对自身特点进行分析，改善不利于OKR实施的组织结构、团队管理、员工管理等方面的因素。传统大企业要建立适合OKR落地的新的组织结构、激励机制和企业文化等。只有企业文化氛围符合OKR的发展要求，OKR才能够在企业内顺利实施。

不同角色如何应对变革

在推行OKR的过程中，企业中的不同角色也面临着不同任务，例如管理者要为推行OKR保驾护航，人力资源部要转变角色，辅助实施OKR，而基层员工要提升自身能力，以应对更大的挑战。

管理者需要为推行 OKR 保驾护航

在OKR的实施过程中,企业管理者面临多种挑战。企业管理者的难点在于如何在OKR的实施过程中,为员工提供帮助使其工作进展顺利。

为确保员工的工作能够顺利开展,企业管理者需要扮演好以下3种角色,如图8-1所示。

```
1  管理者
2  领导者
3  OKR协作伙伴
```

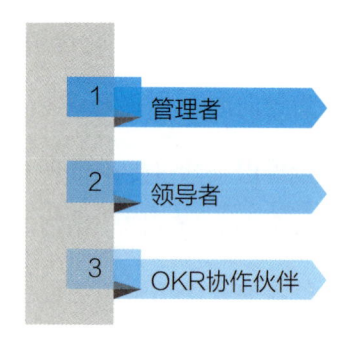

图8-1　OKR实施过程中企业管理者的三种角色

（1）管理者

企业管理者在OKR实施过程中首先担任管理者的角色,要对员工的OKR进度进行追踪,对OKR的实施节点进行把控,当员工的工作脱离轨道时,企业管理者要及时帮他们纠正错误。同时,企业管理者还要懂得激励员工,提高他们的工作效率。

（2）领导者

企业管理者也是员工开展OKR工作过程中的领导者。人们都会把上司称为领导,这并不只是职位概念,更重要的是企业管理者行为方式的表现。

企业管理者的领导职能通常体现在两个方面:一方面,企业管理者对于已有的资源进行计划、组织和控制。企业管理者作为领导者,要进行资源分配来协调员工的工作。另一方面，企业管理者的影响力，如威信力，对员工的工作有积极的推动作用，能够激发员工工作的内在动力。

（3）OKR协作伙伴

就团队OKR来说，团队负责人与员工是合作伙伴的关系。团队负责人引导员工更好地完成工作，员工完成OKR也实现了团队负责人的OKR，共同努力，团队才会更好地发展。团队负责人与员工共同完成团队OKR的含义表现在以下方面。

OKR共同体。团队负责人与员工个人的OKR是紧密相关的，团队负责人可以帮助员工更好地开展OKR，员工OKR的完成情况也决定了团队负责人OKR的完成情况。

①双方平等的关系。团队负责人与员工之间关系平等，团队负责人与员工通过平等对话可以实现更好的沟通效果。

②从员工的角度思考问题。共同完成团队OKR要求团队负责人从员工的角度思考问题。从员工的角度出发，可以使团队负责人更准确地了解员工的问题所在，帮助员工解决在OKR实施的过程中遇到的问题。

③在OKR实施的过程中，企业管理者应该多以平等对话的方式就OKR进度与员工面谈，着眼于员工的OKR辅导和技能提升，促进员工OKR的顺利进行。

人力资源部面临角色转变

人力资源部不仅参与企业OKR的制定，也辅助OKR的实施，OKR的实施也会给人力资源部带来不小的挑战。

随着OKR在企业的引进和实施，企业内部的管理方式也在逐步优化，人力资源部的角色也发生了改变，拥有了三种更能推进OKR实施的角色，如图8-2所示。

- OKR辅助者
- 员工后盾
- 变革推动者

图8-2　实施OKR过程中人力资源部的三种角色

（1）OKR辅助者

在企业实施OKR的过程中，人力资源部是重要的辅助者，其辅助作用表现在OKR的制定与实施两个方面。

第一，在制定OKR时，人力资源部负责建立企业OKR的框架。OKR的框架就是OKR在企业内的基本运作模式，包括OKR的结构、流程、奖励设置以及人员安排等。在建立好OKR的框架后，人力资源部还要对OKR的框架进行审查。审查后，如发现漏洞或问题，人力资源部必须承担责任并提出解决问题的方法。

第二，在OKR实施的过程中，人力资源部在企业上下级员工的沟通方面起着重要的辅助作用。人力资源部需要为OKR实施过程中的企业上下级员工的沟通建立合理的沟通框架，同时，在企业上下级员工的沟通过程中，人力资源部也起着辅助沟通的重要作用。

（2）员工后盾

在企业实施OKR的过程中，人力资源部会成为员工的后盾。在这个新角色中，人力资源部的职责是为员工提供力所能及的帮助，要为员工安排OKR培训，帮助员工理解OKR，同时，还应该在OKR会议上为员工发言，为他们提供更多职业方面的帮助等。

（3）变革推动者

如今，由于全球化、技术创新的不断发展，外部环境对企业的发展也提出了更高的要求。只有跟上时代的潮流，企业才会立于不败之地，作为变革推动者，人力资源部的职责就是帮助企业应对变革、利用变革实现更好发展。

在企业实施OKR的过程中，人力资源部是企业管理者的得力助手，同时也是员工的帮手，人力资源部无疑是OKR在企业实施的有力推动者。

人力资源部在企业OKR的制定与实施中的作用十分重要，同时，人力资源部对于OKR的理解与认知也是企业在实施OKR过程中的一个关键点。因此，在实施OKR之前，企业管理者首先需要对人力资源部进行培训，让其深刻地了解OKR的优势和应用方法。对OKR了解得越深刻、越全面，人力资源部就越能发挥自己在OKR实施过程中的重要价值。

基层员工需要提升自身工作能力

肖旭（化名）和李然（化名）同为一家电商企业的客服人员，两个人的月度关键结果里都有"打100个电话询问客户是否有意向购买产品"的关键结果。虽说是同样的关键结果，但两个人在执行的过程中采用的方法却是不同的。

肖旭先是按照客户名单一个个给客户打电话，询问客户的意见并记录，然后将客户分三个档次，分别列出强烈意向客户、准意向客户和无意向客户。完成这些工作肖旭花费了3天的时间。

而李然没有直接给客户打电话，而是先将100个电话分组为新客户和老客户，再优先给老客户打电话。这样，李然仅花了2天时间就得到了结果。他还对这100个客户进行了属性分类，以便深入地挖掘潜在客户，更好地实现业务对接。

从肖旭和李然两名员工的表现来看，后者的工作能力明显要优于前者。工作能力不仅体现在任务的完成结果上，也体现在员工的工作方式上。OKR实施过程中员工能够更大程度地发挥自己的自主性，而这种自主性也直接反映了员工的工作能力。企业实施OKR对员工的挑战就是OKR对员工工作能力提出的要求。

从OKR的维度来看，员工可以从以下三个方面入手推进OKR的完成，如图8-3所示。

1. 可量化关键结果
2. OKR承接能力
3. 工作态度

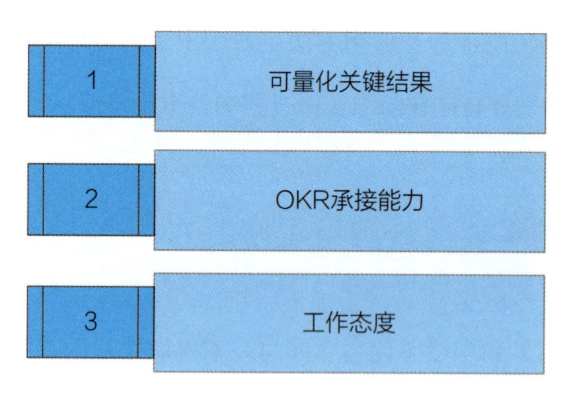

图8-3 员工推进OKR完成的三个方面

（1）可量化关键结果

员工的OKR一般侧重于对具体某一目标的完成，其特点是细化、量化和流程化。员工通过履行工作义务，发挥岗位职能，取得一定的关键结果，对企业以及部门做出贡献。因此，基层员工要想取得关键结果，就要从关键结果的数量、质量和效率入手，要将具体的、可量化的关键结果纳入OKR中。这就要求员工明确自己需要做哪些工作、OKR可以完成到什么程度、对谁负责等问题。

（2）OKR承接能力

OKR承接能力强调的是员工对分解后的任务的处理能力，包括员工对上一层级OKR的分解与承接能力。

（3）工作态度

在企业中，企业管理者常常会遇到这样的情况：有的员工工作能力强，但态度有待改进；有的员工工作态度比较好，但总体业务水平不够高。是否能直接否定不能兼而有之的员工？当然不能。而OKR的好处之一就是让员工的工作态度有所改善。

无论工作能力高低，从某些方面来讲，工作态度比工作能力更重要。好的工作态度可以让员工正视自己的问题，积极找出解决办法，OKR也就更容易完成。如果OKR难度过大，企业各层级可以做出相应的调整，但员工的工作态度就需要放在第一位去调整、改善。

如果将每个层级作为一个整体，那么企业的各部门员工就是构成这个整体的最小单位，是整个部门必不可少的组成要素，也是OKR的具体执行者。从OKR维度来看，部门员工应该是整个维度中的最基层，也是企业的支架部分。

从企业层级看，理想的基层员工是按时、按质、按量完成OKR任务，对挑战度高的目标和关键结果能充分发挥自身的主观能动性，想办法攻克难关。

从基层员工的角度看，他们也有自己想要完成的OKR，具体体现在以下两点：一是有野心的目标，二是想要创造性地完成以及在实施OKR的过程中为企业贡献自己最大的价值。

对此，员工可以在完成OKR的过程中，尽可能实现这种双向的要求与期待，这是对员工工作能力的考验，也是OKR为员工带来的挑战。

为什么你的OKR不成功

虽然OKR是一个非常好的改善管理的工具，但很多企业推行OKR的效果并不尽如人意，这是因为在使用OKR的过程中陷入了误区。

OKR 描述的是终点在哪里，而不是怎么到达终点

用OKR描述实现目标的动作，是实践OKR时最常见的误区。很多企业在写OKR时，动不动就会将关键结果写成关键行动，描述实现目标的动作，而不是最终结果。例如，目标是去环球影城见朋友，关键结果应该是见到了环球影城的大门，或见到了朋友，而不是坐地铁到环球度假区站，或打车到环球影城。

若将OKR的关键结果写成关键行动，则规定了实现目标的具体方法，无法让员工发挥主观能动性，更无法激发员工的创新精神，OKR也就失去了意义。

OKR 设定的是"想"做的目标，而不是"能"做的目标

很多企业使用OKR设定目标的过程，就是计算一下上一年的业务完成情况，以及计算一下当年有多少新的投资、新产品、新活动，得出当年的目标。这就是"能"做的目标。

这个方法听起来非常合理，确实也能帮助企业实现增长和发展。但这样的目标只能激励团队在现有基础上做优化，效率再提升一些、活动再加几档、材料再升级一点……而不能让团队发生根本性的变革。而且这样设定目标还假设了外部环境基本稳定，没有把不确定的情况考虑到，过于理想化。

因此，OKR需要设定的是"想"做的目标。这源于OKR的成长型思维，如果我们的能力、认知、经验是不断发展的，那我们基于现有能力设定的目标肯定是不够高的。所以，我们要先大胆假设，定一个能让人"倒吸一口凉气"的目标。然后想方设法去实现它，如果缺资源，就找资源，如果缺能力，就培养能力，如果缺人才，就配置人才等。到最后，这个具有挑战性的目标能否百分之百达成已经不重要了。因为如果所有人全力以赴，去达成一个非常远大的目标，得到的结果就会远远超出最初的保守目标。

OKR 明确了目标，并没有明确工序

OKR是目标管理与沟通的工具，是整个绩效管理过程的前半部分工作。当团队有了一个高质量的OKR之后，还要有对应的行动计划，不然OKR就会被束之高阁，毕竟OKR的目标都是非常具有挑战性的，如果前面

几个周期的完成情况不好，大家很可能就放弃了，觉得OKR没什么作用。

之所以会出现OKR被中途放弃的情况，是因为大家早已习惯了"听吩咐做事"的工作模式，即需要先明确自己能做什么，明确将取得的结果再执行。而企业在探索一些新的模式或高目标时，这两者通常是未知的，所以很容易导致执行的人中途放弃。

在如今复杂的市场环境下，企业很难在行动之前就明确正确的"打法"。通常都是先行动起来，再逐渐摸索出解决方案，在这个过程中，企业可能会走很多弯路，这需要进行不断的复盘和自我修正。

OKR 从内往外生发成功率更高

OKR是一种工具，更是一种思维方式。很多企业只是简单地把OKR当作纯粹的工具，仅在流程上追求OKR的落地。例如在企业内推行OKR系统，把目标按O和KR填进去；严格按照O和KR的要求，让员工们绞尽脑汁地修改原来的目标。管理者看到每个人都填好了OKR的表格，就觉得OKR已经落地了。

这样实施OKR的结果一般就是员工感到沮丧或迷茫。因为这种做法的本质仍然是自上而下地分派任务，并没有通过共创与员工达成共识。

OKR看似简单，概念清晰，要求不多，但使用起来却很难。因为，对任何一个团队来说，让每位成员对目标达成一致的清晰的理解，都是不容易的。因此，企业实施OKR，要重视澄清、讨论、争论等与员工共创的过程，这比写出最后的O和KR更有价值。

任何一种工具和思维方式，只有不断地实践，才能真正掌握，OKR也是如此。就像学会游泳的唯一方法，是不断地跳进泳池、呛水、蹬腿、划水，在此过程中不断练习正确的泳姿，直到姿势正确，你才算掌握游泳这项技能。

管理案例：打造快速成长的默契团队

OKR的推行不是一蹴而就的，通过高频的复盘和沟通，可以提升团队管理者的绩效辅导能力，加强团队默契程度。

很多管理者没有真正清楚地认识到管理团队，发挥员工的能力，让一个团队把事情做好才是他作为一个管理者真正的职责。所以说，如果没有管理理念的变化，那不管你用OKR还是任何其他的方法，最终都会走到KPI这条老路上去。

首先要改变的管理理念就是在管理中重考核，轻辅导。在企业中常见的一种现象是：在年初的时候，管理者给员工下达了一个业务目标，然后就不管了，到了年末才来看员工到底完成得如何。

OKR的确是绩效管理的一个工具，但是它绝对不是绩效考核的工具，在整个绩效管理的流程当中，我们强烈推荐简化考核，甚至说取消掉考核。但是很多管理者从理念上来讲还是更看重考核，他们认为只有考核才能激励员工，而忽视了日常工作的这种辅导。

在此介绍一下国内顶级的内容平台公司是如何追踪和复盘OKR，同时让年轻的管理者快速成长的。

公司业务增长期，首席运营官直接管理的分支团队从原来的7个，一下子翻倍了。由于业务量的扩大，很多原来从属于某一个部门的小团队都独立出来直接向首席运营官汇报工作了。首席运营官的痛点是，她的管理范畴过大，时间和管理颗粒度都是巨大的挑战。不少新晋升为独立部门的管理者都非常年轻，首席运营官希望实施OKR也能让这些年轻的团队管理者加速蜕变。

有一个部门，成员几乎都是"95后"，管理者本来和大家是同事，现在成了其他人的领导，他和大家关系都很好，但是觉得管理起来很吃力。

这个团队的复盘与跟进比大部分团队更频繁，我们带领他们共创OKR之后，每个月都进场带领团队进行阶段性复盘。

在这个部门的第一次复盘时，他们是这么做的。

环节一：绘制理想团队愿景。

每个成员绘制自己心目中的理想团队的样子，所有人分享自己的作品，并整合团队愿景。

环节二：OKR自我打分。

每个人给上一周期的关键结果完成度打分，并逐个分享分数背后的原因。

环节三：挖掘根本原因。

针对每个OKR充分探讨根本原因。

环节四：总结行动计划。

依据每个OKR完成情况的根本原因，让团队分别总结Continue（保持）—Stop（停止）—Start（开始）的行动计划（以下简称CSS），责任到人，规定截止时间。

环节五：针对OKR实施的CSS。

针对团队实施OKR的过程，分别总结CSS的行动计划，责任到人，规定截止时间。

环节六：管理者教练对话。

在团队实施OKR的过程中，我们给团队管理者设置了必要的教练对话环节，帮助管理者由内而外地蜕变，引导其走向成功。

我们鼓励组织重视两个方面同步发展：业务结果和人才成长。业务结果就是实施OKR带来的业绩的增长；人才成长就是员工或团队的成长。

员工或团队的成长包括两个方面。一方面，OKR实施过程中可能会出现关键结果没有达成，或者目标没有达到理想的完成度，这意味着员工或团队可能走了一些弯路，但试错也是一种成长，走过的弯路也可以为员工或团队提供经验，重要的是走过这些弯路后，他们的反思和收获。

另一方面，困难能够激发员工或团队成长。如果一个目标太难了，用各种方法都没有办法实现它，则意味着公司可能正面临瓶颈，或者之前提出的方法是无效的。这时，团队可以通过头脑风暴等形式激发员工思考，这样员工会得到巨大的激励，当一些难题得以解决时，员工会获得巨大的成就感。

OKR的理念提倡持续绩效管理，也就是说，要把这种绩效考核的动作从原来的一年一次或者一年两次，分解到每天的日常工作当中。这样的绩效辅导能力需要每一个管理者在实施OKR的过程中进一步学习。

第9章

不同部门如何推行OKR

不同部门承担着不同的工作，在OKR的推行上也会略有差别。企业要根据不同的工作重点制定OKR，以支持总目标的达成。

产品部门：用OKR做产品规划

产品部门的工作离不开产品规划。做产品规划，一是要根据目标整理出未来一个工作周期的产品运营规划，从而实现业务目标；二是要指导需求优先级，确定好研发、运营等部门需求的先后顺序。OKR在产品规划方面也可以起到很大作用，例如用OKR可以发现用户需求、分析漏损原因等。

按用户路径拆解 OKR

用户是最终使用产品的人，因此，与产品相关的OKR也要围绕用户制定。最简单的办法就是围绕用户路径拆解OKR，从而以用户的需求为目标，改进产品。

在制定OKR之前，需要先明确影响产品的主要因素，确定应从哪些方面提升产品质量。

以借款产品为例，借款产品的唯一关键指标是低坏账率的贷款余额。坏账率由风控部门负责，贷款余额由产品和运营部门负责。贷款余额=独立访客量×交易率×借款金额。提升独立访客量依赖产品定位和市场投放，提升借款金额依赖运营。因此，产品提升的主要发力点是交易率。由此可以确定产品提升的指标为提高交易率。这也是产品部门在制定OKR的过程中需要分解的总目标。

有了总目标，产品部门的工作还不能实现落地。因此，需要再细化总目标，拆解出每个人的工作目标和关键结果。对此，按用户路径拆解就是一个很好的办法。

还以借款产品为例，其用户路径如图9-1所示。

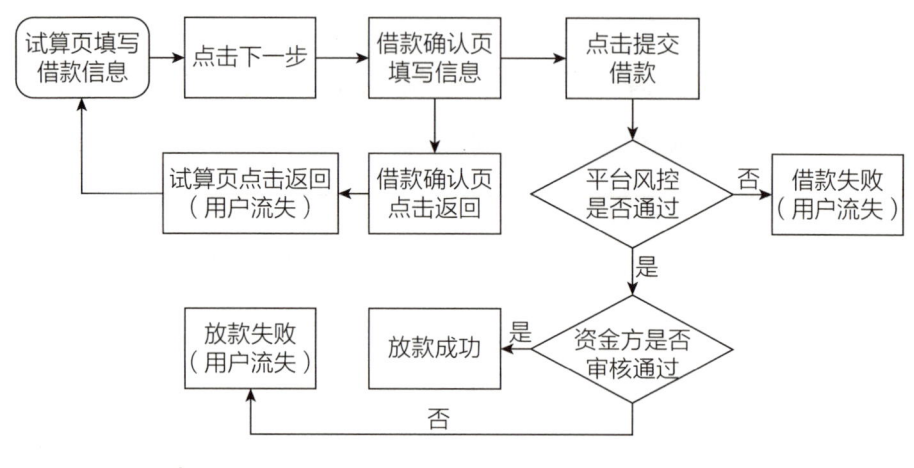

图9-1 借款产品的用户路径

如图9-1所示，按照用户借款的步骤，如果将目标确定为提高交易率，那么可以拆解出O1（提升试算页下一步点击率）和O2（提升借款提交点击率）。以O2为例，O2可以继续拆解出KR1（支付渠道验证成功率）和KR2（交易密码输入成功率）。这样就得到了有效的O和KR，产品部门的工作也可以据此展开。

需要注意的是，用户路径不仅要包括用户操作，还要包括平台或第三方影响用户体验的因素。既要有用户成功流程，又要有用户失败流程。这样才能得出全面的OKR，从而找到用户真正的需求。

分析漏损原因，提出产品规划方案

完成了OKR的梳理工作，下一步就是优化和提升。从产品的角度看，我们可以瞄准用户路径的漏损，分析漏损原因，从而提高每个环节的转化率。

以图9-1中试算页下一步点击率为例，我们来看一下用户是如何流失的，并通过分析漏损，找到减少用户流失、提升用户转化率的方法。

从用户路径看，试算页点击返回，会使用户流失。那么就要思考为什么用户点进试算页，又要离开呢？

从用户决策的角度来看，影响用户借款的主观因素是用户的借款意愿和还款能力，客观因素是剩余额度、利息、审核难度等。这些因素直接导致用户可能会中途离开，打消借款念头或转向其他平台。这时团队应当从产品本身进行改进，如降低利息、精简审核流程等。

从用户路径的角度来看，用户在点进试算页后又离开，可能是遇到了流程阻塞，导致用户不得不离开。对此，团队应当再详细检查试算页面的操作步骤，看是否存在不合理的地方。

从用户决策以及用户路径的角度综合分析，试算页除了需要用户填写借款金额，不需要填写其他信息，所以影响较大的可能是客观因素，因为客观因素跟用户的信用相关，短时间内很难被改变。根据这一分析结果，团队可以确定相应的解决方案，如图9-2所示。

得出改进方案后，团队可以根据需求、性价比，决定改进的优先级。一般来说，有关运营活动的改进方案，可以先行上线。从开发成本的角度看，免息券等是系统已经支持的工具，开发成本较低，可以快速上线；从收益的角度看，优惠券等刺激手段在各大平台都屡试不爽，预期效果不会有太大波动，可以放心上线。

而像补充增信这样的方案，如果团队目前的风控体系不完善，还需要

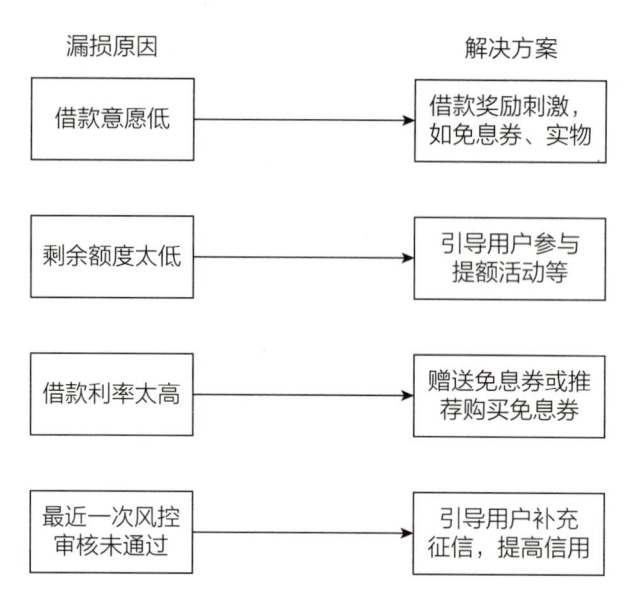

```
漏损原因                    解决方案

┌──────────┐          ┌──────────────┐
│ 借款意愿低 │─────────▶│ 借款奖励刺激，│
└──────────┘          │ 如免息券、实物│
                      └──────────────┘

┌──────────┐          ┌──────────────┐
│剩余额度太低│─────────▶│ 引导用户参与 │
└──────────┘          │ 提额活动等   │
                      └──────────────┘

┌──────────┐          ┌──────────────┐
│借款利率太高│─────────▶│赠送免息券或推│
└──────────┘          │荐购买免息券  │
                      └──────────────┘

┌──────────┐          ┌──────────────┐
│最近一次风控│─────────▶│ 引导用户补充 │
│审核未通过 │          │征信，提高信用│
└──────────┘          └──────────────┘
```

图9-2 漏损原因的解决方案

额外去收集数据、建模、设计策略才能落地，不仅成本较高，而且收益还无法保障，所以可以适当延后推出。

设计团队：提升设计价值

设计部门是接触考核制度频率较低的部门，其原因在于设计团队在很多企业内都被定义为支持部门。很多企业的设计部门只有在其他部门提出需求后才开始着手改进，这种情况就导致了设计部门的目标无法量化，关键结果也难以实现。本节将从设计团队目前面临的困境出发，详解设计部门如何使用OKR走出被动工作的困境。

结合企业的目标，确立设计团队的目标

很多企业的设计团队每天都需要接收来自各个部门五花八门的意见，这导致他们为堆积如山的需求烦恼。设计团队经常会遇到这样的问题：反复修改一件产品但对方还是有意见，问对方哪里需要修改却得不到具体的答案。

设计师最头疼的就是被其他部门当作"边缘人"，同时，由于设计部门在企业管理层中的重要性不明朗、职责划分不准确，经常出现所有部门都给他们提要求却都不重视他们的意见的情况。设计师最期待的是设计成为核心业务，与各部门通力合作，共同交流讨论设计方向。

但在现实工作中，大部分的设计师都是"边缘人"，因此设计团队需要思考自己如何做才能摆脱现在的困境。此时，企业不妨引入OKR管理制度，从两方面去解决设计部门目前的处境。

（1）提升设计价值

OKR目标管理法是团队意识的结晶，而非领导强制安排的产物。团队中的每个人都参与了OKR从制定到实施的过程，因此OKR作为大家都认可的目标，能够极大程度地提高员工的工作积极性。

在这个所有人都认可的大前提下，那些有能力、上进心强的员工能够产出更高质量的成果。同时，在OKR实施的过程中，设计团队中的每个人都秉持主人翁意识开展工作，在遇到项目难题时也会积极主动献策，而不是等待领导分配工作，这也就是精神力量的积极作用。

（2）对设计进行商业赋能

在互联网发展的初级阶段，用户数量增长是每家企业都在追求的

目标，也是商业变现、企业获得利润的基础。在初级阶段，企业通过发放红包、组织拼团等营销活动就可以获得大量新用户，获客渠道多样且有效。

但随着增量市场逐渐向存量市场转变，如何将有限的资源分配到积压的商品中成为设计部门的工作重点之一。当下，互联网市场的流量与资源被掌握在行业巨头的手中，获取流量变得越来越难，价格也越来越昂贵，而企业在面临增长瓶颈时如何做、如何以最小成本换得最高增长成为令企业管理者头疼的问题。

面对当下市场环境的变化以及对行业趋势的预测，设计团队需要重新审视设计工作，对以上问题进行多维度思考。

如何对设计进行商业赋能？

数据驱动下的设计洞察力和创新力

产品设计师在设计产品时，会经常接触到如购买转化率、模型流失率、复购率等有关产品销售漏斗模型的数据。这些数据正是设计师需要着重关注的内容，产品设计师需要对这些数据进行分析，找到问题的关键以及解决问题的方向，给出具体的解决方案，随后通过小范围试错的方法验证方案的正确性，最终实现产品迭代。流程如图9-3所示。

合理地改进产品能够提高用户的使用体验，但产品设计师不能过分依赖用户数据，被动地讨好用户，比如，用户喜欢什么功能就直接加进去，殊不知新功能对企业收益存在影响，产品迭代反而会造成利润降低。真正有价值的产品是以用户需求为中心，并围绕企业收益进行设计，力争打破

分析销售漏斗 → 提炼改进目标 → 设计解决方案 → 验证方案的正确性

图9-3 产品设计师设计流程

用户与企业之间的壁垒，提升用户使用体验，实现企业口碑与收益的双丰收。

以用户需求为中心设计产品，意味着设计团队需要从更高层面、更多维度进行思考，思考产品还有哪些可改进之处，从而给用户带来更好的使用体验。这些内容便可以作为关键结果分享给部门其他同事，共同商讨方案的可行性。

在大数据的驱动下，每一个数据都可以成为关键结果。通过OKR，产品设计师对市场的洞察力与产品的创新力都将获得提升，从而由被动转变为主动，实现设计自由。

梳理设计流程，提升团队效率

设计团队往往需要与其他部门协力合作，共同完成目标。我们在前文中曾经提到OKR具有公开、透明的特点，因此设计部门能够通过其他部门提供的关键结果明确产品的设计风格与设计需求，了解自己下一步工作的重点，摆脱反复修改方案的困境。

基于管理水平有限、设计风格难统一的现状，很多中小型企业的设计部门存在需求不清、品质不精、效率不高等问题，这导致企业发展屡遭瓶颈。OKR目标管理法能够精简设计流程、规范评审制度、统一设计风格，确保员工在同一个目标的指引下执行关键结果。

鉴于此，设计部门需要在实施OKR之前进行集中培训，厘清业务逻辑、统一设计风格，学习如何将设计工作融入关键结果中，探讨如何与其他部门共同制定关键结果，这样便能在后续的工作中提高效率，减少不必要的沟通成本。

将目标分解成可以执行的设计任务

我们在前文中已经分析过设计团队当前的处境以及未来的目标，接下来就需要将目标拆解为具体的关键结果，乃至分解为可执行的任务。

设计部门的目标往往很抽象，例如设计部门本季度目标为"确保企业整体设计风格适配市场"，究竟什么样的设计风格才算适配市场？自己作为产品设计师，如何去完成这项目标？只凭设计师个人，很难得出这些问题的答案。

举例来说，当人们想吃掉一个大蛋糕时，会发现蛋糕太大无法下嘴，也无法一口吃掉。但如果将大蛋糕分成若干小块，那么所有人都可以分到一块蛋糕，吃掉蛋糕便不是一件难事。同理，设计部门的领导需要将一个大目标分解为若干个小目标，再将这些小目标分解为若干个具备SMART原则的关键结果，最终分配到每个设计师身上，实现本轮OKR的分解实施，确保每个产品设计师都能得到自己力所能及的OKR。

此外，将目标分解为可执行的任务时，OKR会为员工带来正向的激励作用。因为这些目标都是员工触手可及的，完成当前任务时的满足感会为下一个任务的执行带来充足的动力。这样一来，不仅为员工提供了挑战目标的信心，还让其在饱满的状态下执行下一个任务，实现OKR的良性循环。

在OKR的实施过程中，设计师需要以一周为周期，对一周的工作进行回顾。设计师需要思考本周的OKR实施进展如何、是否遇到阻碍，如果遇到的话，将如何解决，否则目标将成为摆设，无法坚定地执行下去。如果将工作比作一段旅程，那么目标便是这段旅途的终点，我们需要在旅途过程中不断确认自己与终点的距离，以确保方向没有偏差。

市场部门：营销与销售不脱节

客户来源复杂、推广效果难以准确量化、团队配合能力弱等问题一直以来都是困扰市场部门的难题。如何才能解决以上难题，快速提升团队效益？答案是引入OKR管理制度。

逐级设定目标，明确营销方向

如果市场部门希望引入OKR管理制度，首先市场总监需要明确营销方向，设定具有一定挑战性的季度或年度目标，然后逐级分解。例如企业的第四季度目标为"在2022年年末，企业在行业内位居前10名"；市场部门将目标定为"品牌认可度提高40%"；市场部员工将目标定为"丰富各媒体平台内容"。

此外，在分解目标时，企业需要与市场部门的员工进行充分讨论，对于与客户互动情况、品牌口碑、品牌认可度等问题，都需要倾听一线员工的建议，从而达成共识，否则会出现阳奉阴违的情况。总而言之，企业需要从上到下始终贯彻同一战略，避免出现员工执行时偏离总体目标的情况。

拆解营销目标，制定关键结果

市场部门在确定正确的营销方案之后，应将营销信息集中在一段时间内并在各种渠道发出，给消费者造成冲击，让消费者对品牌产生深刻的印象。例如在咨询平台、自媒体平台、视频网站等渠道投放营销信息等，可适当投放硬广。同时还需要同步开展营销活动策略，在各种渠道向消费者传递品牌信息，与消费者互动，引发讨论，从而使消费者在任何场景下都能感受到企业的品牌造势。

在确定本阶段OKR的目标后，市场总监便可以结合企业的实际情况制定量化、细化、流程化的关键结果，将团队目标量化并逐层分解至个人。需要注意的是，关键结果的数量一般不超过4个。

在这里将一名产品营销人员的OKR作为示例。

O：优化付费搜索广告。

KR1：从付费搜索广告中筛选出500条合格的销售线索。

KR2：确保每条线索获客成本低于15元。

KR3：确保广告3%的点击率。

统计目标进展，调整任务优先级

爱因斯坦曾经说过："如果给我一小时的时间来拯救地球，我将花59分钟定义问题，再花一分钟解决它。"

厘清问题是解决问题的第一步，也是最重要的一步。OKR管理模式为员工提供目标进度、评分可视化数据统计，员工可自由查看各营销目标的进展，聚焦关键结果，调整任务优先级，合理安排时间、精力。

制定OKR的第一步，便是确定各目标之间的优先级，随后对每个目标的关键结果进行排序，得出科学的方案。优先级排序的方法有很多，以多数人常用的"四象限法"为例。我们可以将关键结果按照重要且紧急、重要但不紧急、紧急但不重要、不重要且不紧急的优先级进行排序，确保你的关键结果始终落在前三象限。

但很多时候直接忽略第四象限的关键结果不是因为它没用，只是它的优先级太低，所以，我们可以在完成前三象限的关键结果后再去执行它。

目标自评，评估成果完成度

目标自评更多的是一种参考，而不是最终得分。员工与领导对一件事的判断会受主观因素与客观因素的影响，并且通常情况下，员工的想法和判断会比客观情况更为乐观。在OKR的实际操作过程中，员工的目标自评还会受很多未知因素的影响。

关键结果的自评分数与完成度和完成质量都有关系，但哪个方面的权重更高，员工个人无法做出判断。例如一名员工的关键结果为"企业的热销商品市场占有率达到60%"。但在实际操作中，该商品的市场占有率从30%提高到50%的难度，和从50%提高到60%的难度截然不同。关键结果的完成情况不能作为评价一名员工工作成果的全部依据，管理者还需要充分考虑关键结果的完成难度以及OKR为员工带来的能力提升。

自评的效果往往因人而异，有些人对自己的要求很严格，导致其关键结果的完成情况并不理想，最终评分较低；有些人对自己要求较为宽松，关键结果的完成情况看起来很乐观，几乎满分。为了使结果尽量客观、公正，领导需要对工作成果进行客观评价并时常重新校准。

OKR作为一种目标管理方式，通常用来评价该员工过去一段时间内的工作状态以及对团队的贡献，毕竟它不与绩效考核挂钩，因此无论数据如何，团队之间的讨论与反馈都更加重要。

销售部门：高效达成团队业绩目标

相比KPI侧重评估和结果，OKR强调"改善"思维和挑战卓越目标。本节将从销售部门OKR的实施流程出发，详解如何用OKR提升销售业绩，促进企业更快发展。

设定业绩目标，量化关键结果

销售总监需要从销售业绩、市场占有率、客户数量等多方面因素出发，制定具有一定挑战性的目标供员工参考。对销售部门来说，目标一定不能太低，否则一旦大家轻松完成后会出现懈怠情绪；但也不能太高，否则大家一致认为这个目标肯定完不成，会导致目标形同虚设。目标的设立需要销售总监审慎把握，将目标定在合理的范围内，使团队达成共识，避免目标制定流于形式。

在明确本阶段的目标后，销售总监便可根据企业的实际情况，制定具体的、足够细化且有一定流程的关键结果，然后将团队的目标量化、分解到每一位员工。这里将一名销售部门员工的OKR作为示例。

O：超过预定销售业绩不低于20%。

KR1：全年预定销售额1000万元。

KR2：新增客户不低于200名。

KR3：每个季度至少完成300万元的业绩。

需要注意的是，销售总监在将关键结果分解至员工时，需要表明该目标什么时候完成、由谁来负责、完成值等事项，清晰划分权责，并将目标量化，充分发挥员工的主观能动性。

跟踪关键结果执行，把控业绩进展

在制定完成本阶段OKR后，销售总监需要跟踪员工的销售执行过程，及时发现不足并改进，这样才能更好、更快地达成销售业绩目标。

OKR支持关联项目、任务、线索、客户等数据。销售人员可直接在目标中关联线索、客户、商机、合同、外勤等内容，将关键结果的执行具体到每一个任务、项目、客户。

销售经理通过查看任务、审批、文档、项目，了解目标的完成需要哪些资源与人力，能够直观、系统地了解目标进程。

OKR提供目标进度、评分可视化数据统计，领导可在目标清单中查看所有目标信息以及实施进度，了解各个目标的完成情况，及时关注进度落后的目标，对状态不佳的员工适时提供辅导，确保团队目标顺利达成。

目标自评，改善下一阶段业绩目标

当一个阶段OKR结束时，每位销售人员都需要对关键结果的完成情况进行自评。OKR的分值在0到1之间，0代表目标毫无进展，1则代表目标完全达成，通常情况下0.5、0.6是多数销售人员的理想分数。此时销售总监需要约谈OKR分数不理想或太理想的员工，共同分析原因，帮助员工梳理难点或制定更高目标，商讨改进的具体措施。

如果OKR的评分很高，那么可能有两种情况：一种是员工的关键目标设置得太低；另一种是员工的能力的确很强。如果OKR的评分不甚理想，也有两种情况：一种是员工制定的关键目标难度过高；另一种是员工工作状态出现了问题。

其实，OKR的完成情况相对不稳定且受员工主观因素的影响。旅途的终点固然重要，但途中的风景同样不容错过。员工与企业都需要将此视为一个过程，一个向关键目标努力的过程，而非以结果来判断员工，甚至将结果作为奖罚的依据。OKR一旦与员工绩效考核挂钩，便会削弱员工的耐心以及上进心，使员工过于追求结果而忽略过程。

客服部门：提升客户满意度，稳定市场占有率

商品之间互相都存在可替代性，客户已经不再像过去一样最关注商品的功能性要求。商品的质量固然重要，但与之配套的商品服务也是客户考虑的重要因素。本节将详述客服部门如何通过OKR提升客服响应效率，提高客户满意度。

设定客户支持率，达成团队共识

在客服部门实行OKR管理的初始阶段，负责人首先要设定客户支持率，以此为标准衡量员工的工作是否合格，并将提高客服团队竞争力、提高团队忠诚度等具有挑战性的目标具体分配到每一季度。

由于目前市场上同类产品同质化严重、技术壁垒低、创新窗口期短，客户无法在同类产品中通过简单的识别来区分优劣，更无法分辨两家品牌不同但商品内容相同的企业的差异，导致很多企业只能盲目打价格战，增加无谓的行业内耗。

因此，企业之间的竞争归根结底就是品牌认知度和认可度的竞争，谁先在消费者心中树立了品牌形象，谁就能获得更多消费者的支持。当商品出现售后问题时，客服部门的服务质量便是客户最关心的问题，因为人与人之间情感的尊重与交流是一切商品所不能替代的。

总而言之，尊重、理解客户，为客户持续提供超过期望值的产品与服务便是客服部门始终坚持和践行的团队共识。整个客服部门都需要在这个大前提下开展工作。因此在设定目标时，负责人需要与客服团队的所有成

员进行充分沟通，反复强调该目标的重要性，确保所有员工理解到位。

确定执行关键点，让成员明确执行目标

客服部门负责人在设定关键目标后，需要继续制定量化、细化、流程化的关键结果。在这里将一个客服部门员工的OKR作为示例。

O：提高客户满意度。

KR1：客服接听率超过98%。

KR2：客服解决率超过90%。

KR3：客户反馈评分超过80分。

KR4：为客户提供24小时服务。

员工只有清楚所执行的关键点与目标，才能明确努力的方向，更好地为客户服务。各关键结果之间的权重也是负责人需要着重思考的问题，它们代表着哪项工作更紧急、更重要，需要相关员工重点关注。

追溯客服过程，优先解决棘手客户的问题

在设定完关键结果后，负责人作为领导，还需要统筹客服部门的日常工作，明确团队分工，并对员工的工作内容有全面的了解，确保其工作始终落在正轨上。

同时，员工需要实时收集客户问题表单、满意度调研表单等数据向上级汇报，跟进客户问题处理进度，并在团队内部沟通、共享解决进度，提高执行力。

在OKR的执行过程中，负责人可以定期查看员工的OKR进度、评分等数据，了解员工的工作是否围绕目标展开。如果有个别员工的OKR完成情况不理想，负责人还需要私下询问原因，帮其解决困难。

如果多名员工的关键结果出现重叠，便意味着出现棘手客户。此时客服团队需要聚焦重点工作，优先解决个别棘手客户的问题，以此来提高OKR的完成度。

总结客服经验，激发员工主动性

在OKR的阶段总结中，客服部门负责人需要总结出本阶段团队的工作经验，以此为依据开展下一阶段OKR的实施，进一步提高工作效率。例如负责人发现所有员工都没能完成客户接听率这一关键结果，就需要思考是否该目标制定得过高，并做出调整。

此外，负责人还可以设立奖项激发员工积极性，例如"最高解决率奖项""接听最多奖项""满意度最高奖项"等。负责人可以将这些奖项颁给该项数据中OKR完成得最好的员工，作为精神嘉奖，激发员工工作的积极性和责任感，提高客服团队的凝聚力与执行力。

可能有的人会说，这样不还是会与利益发生瓜葛吗？评奖评优也会影响升职空间啊！虽然OKR的评估结果也许存在一些偏差，但大方向上不会有问题，因为每个部门拿到的OKR模式都是经过上层反复考量的，部门间员工的OKR清单不会出现太大差距。同时，由于OKR公正、公开、透明的特点，评估结果虽然有一定的主观性，但通常情况下是具有一定参考价值的。

第10章

经典案例：各大企业推行OKR的经验

现如今，OKR在企业中的应用越来越广泛，下面以电商零售行业、游戏行业、出行服务行业的公司为例，介绍一下相关企业是如何推行OKR的。

电商零售行业：多部门协同运作，步调一致

Flipkart（以下简称F公司）是印度最大的电子商务零售商，其组织结构复杂，拥有多家子公司。为了促进子公司协同发展，F公司引入了OKR，成功让原来各自为战的子公司协同一致。

各部门试行，逐渐推广

大多数互联网企业的组织结构都十分精简，但电子商务企业的组织结构十分复杂。电子商务企业的业务线很多，包括物流、技术、推广等不同类别的部门，这使得电子商务企业在企业管理上比其他互联网企业困难得多。想让所有部门的配合更加协调、运作步调一致，就必须要选择更加合适的管理方法，这也是F公司引入OKR的原因。

在最初引入OKR时，F公司并没有在全企业所有层级范围内实施统一的OKR体系，而是在各个部门内部分别实施。例如其物流部门有一套单独的OKR体系，技术部门又另有一套单独的OKR，推广部门也是如此。

F公司在各部门中单独实施OKR是想要明确各部门的资源分配和使用情况，同时也为部门工作规划目标方向。在OKR的实施初见成效后，它很快被普及到了整个企业。OKR的实施让各部门的工作步调保持一致，也使得企业员工更加聚焦于企业的目标。F公司实施OKR的优势表现在以下三个方面。

首先，F公司员工众多，让每个部门员工理解其他部门的专业知识是不

切实际的，而OKR便于员工理解，只有目标和关键结果，推广起来会容易得多。其次，电子商务企业业务庞杂，员工注意力难以集中，而OKR可以通过层层细分使员工的目标聚焦于企业的整体目标上，使整个企业上下员工工作步调保持一致。最后，OKR可以对企业资源进行集中配置，实现企业资源的合理配置。

F公司内部组织结构复杂，员工众多，其实施OKR是十分必要的。F公司在实施OKR时，并不是直接在整个企业中实施的，而是从部门层面入手，为各部门设定单独的OKR，在明确OKR的效果后，才在F公司整个企业中推广实施。

对企业管理者而言，F公司的做法无疑是一个很好的实施OKR的方法，当企业管理者想要尝试OKR又不确定其是否适合自己的企业时，可以用在部门试行的方式来试验并确认企业实施OKR的可能性。

充分听取员工意见

在OKR的执行阶段，F公司是这样开展工作的。

①向企业全体员工发送了一份备忘录，说明什么是OKR以及企业为什么要实施OKR。

②发布了一些OKR案例。

③召开全体员工大会，针对在整个企业实施OKR这一问题与员工进行沟通，使员工进一步加深对OKR的认识。

④要求各层级员工向上级提交个人的OKR制定方案。

⑤在不同团队间召开会议，使不同团队对OKR的制定达成一致意见，

并使不同团队明确彼此之间的关系。

⑥把OKR的内容发布到企业的内部网站上，使之在企业内部广泛传播，让所有员工了解企业是如何实施OKR的。

⑦再次召开全体员工大会，完成OKR的终稿。

在OKR的执行阶段，F公司用了三个季度的时间来解决员工在制定OKR时出现的问题，并总结出员工最常遇到的问题是：员工不知道如何明确自己真正要做的事情。

那么，F公司是如何解决这一问题，使员工明确自己真正要做的事情的？F公司主要做了三个方面的工作。

第一，F公司在OKR的落地实施上花费了大量的时间，以确保OKR的制定与企业的发展和员工的工作相吻合。在制定OKR时，花费大量的时间是十分有必要的，许多企业管理者在推行OKR时都会陷入这样一个误区——只是做了实施OKR的表面的工作，却没有深刻地反思制定的OKR是否符合企业的发展。OKR的实施具有复杂性，企业管理者必须对OKR流程和企业的组织结构、业务等因素进行充分考虑，才能将OKR合理地嵌入企业管理中。

第二，F公司在制定OKR时，十分注重倾听员工的意见和建议。OKR至少有部分内容需要自下而上地展开，自下而上的反馈能够让OKR的制定更加科学、合理，同时也能使员工的诉求得到满足。

第三，在OKR实施的过程中，F公司很注重员工间的辩论。F公司会在员工的辩论中请员工提出建议，不轻易否定员工的想法，这些都激发了员工的创造性。

OKR与企业现状的契合度高、员工意见和建议的满足、员工创造性的激发都有利于员工更准确地把握工作目标或明确自己内心的想法，他们也能够更加聚焦于正确的事情，更好地实现工作目标。

总结复盘，不与薪酬挂钩

复盘是F公司实施OKR过程中的重要环节，F公司在OKR实施过程中的中期和后期对OKR进行复盘。此外，在OKR实施之初，F公司还召开讲解会帮助员工理解OKR。

F公司一般实行季度OKR。在新季度的初期，即季度OKR开始实施的阶段，F公司会召开季度OKR的讲解会，为员工讲解本季度OKR的目标、关键结果和实施中的注意事项。

在季度中期，F公司会召开OKR审视会并对上半季度的OKR完成情况进行评估。通过评估结果，F公司能够明确OKR完成的进度并根据完成进度来合理调整员工在下半季度的工作。此外，通过审视评估，F公司也可以发现上半季度OKR在实施过程中存在的问题并及时提出解决办法，以确保OKR季度目标的实现。

在季度后期，F公司会对整个季度的OKR进行评估并进行总结，同时拟制定下一季度的OKR。在制定下一季度的OKR时，F公司不仅会研究企业的发展现状和发展目标，还会吸取此前OKR评估中总结的上一季度OKR实施过程中的经验和教训，这些经验和教训都可成为下一季度制定OKR的依据，能够促使下一季度OKR的制定更加合理。

在F公司，OKR的评估结果与员工的薪酬并无关系，F公司认为，OKR的重要优势就在于它能够激发员工工作的主动性和积极性，让他们敢于挑战更高难度的工作。而若将OKR与薪酬挂钩，员工就会为了获得更多的薪酬而降低自己制定目标的标准，不利于员工创造性的激发和企业的长远发展。

游戏行业：以"终局视角"规划项目

游戏开发需要聚焦目标，团队成员充分沟通协作，以"终局视角"去规划项目。而这与OKR的特点不谋而合，因此从事游戏行业的企业非常适合使用OKR进行管理。

围绕目标规划项目

OKR对于游戏研发至关重要。游戏制作人会用不同的比喻来描述游戏研发的特点，例如把游戏研发视为在大海上航行，而没有指南针；或者在丛林中行走，而没有道路与出口等。两个比喻都表达出了游戏研发的不确定性及需要不断探索、寻找突破的特点。因此，在游戏研发过程中，聚焦目标、沟通协作至关重要。

游戏从一开始就必须围绕着目标进行研发，通过OKR提炼产品核心概念，确定核心卖点、核心买点、美术风格、制作工艺、验证程序、论证产品的核心竞争力及实现路径等。

以下是进行游戏研发时聚焦目标的具体步骤：

第一步：研发负责人引导团队成员思考一个问题是，假如你是项目制作人，请思考，保证游戏成功的重要因素是什么？让团队成员认真思考五分钟，将想法写在便笺上。

第二步：引导团队成员交换想法，相互打分，完成两轮交换。

交换想法、聚焦目标的具体操作为两两交换；给对方的想法打分；拿着交换后的便笺，再找其他人交换打分；把完成两轮交换的便笺，交回研发负责人手中。

第三步：研发负责人按总分从高到低的顺序将便笺上的内容与团队成员分享，并将便笺分类贴在白板上。

第四步：将成员分组，具体的组数可以根据人数调整，一般为3~4组。每个成员根据白板上便笺的内容总结3~4个目标，随后让团队成员讨论达成一致。研发负责人根据自己的想法，制定3~4个目标。

第五步：请每个小组逐个分享自己的目标及思考过程。最后，研发负责人分享自己的想法，以及与团队成员的想法的区别。

第六步：针对差异进一步深度讨论，达成一致。也许无法轻易达成一致，需要搜集其他数据。那么可以布置任务，商定继续讨论的时间。

第七步：对自下而上及自上而下的想法充分讨论，并做出最后决策。

整个过程会让团队成员充分沟通、参与，以"终局视角"去规划项目。这个过程让团队成员站在更高视角系统地看待整个项目及方向，不仅可以帮助核心团队成员清晰地理解目标，还可以为目标的落地、执行奠定基础。

共创目的过程中使用了引导技术的方法。当团队形成OKR的工作模式及思维后，就完全不用依赖这样的形式，从而将OKR变成团队的一种天然的工作方式。

促进协作，利出一孔

游戏的研发过程涉及策划、美术、技术（前端、服务器端）等不同职能。这些职能之间的专业背景差异非常大，而OKR工具可以很好地促进他们之间的理解，并基于同一目标，在各自领域里找出"着力点"。特别是在同一个O的KR的制定中，OKR的作用体现得非常明显。

下面是一个具体操作的例子。

第一步：引导成员在每个O下面写出KR，想到多少就写多少，先不限定数量。

第二步：请所有成员找到自己最感兴趣或者自己认为最有贡献度的O，自愿组成小组（通常小组成员会包含各职能）。

第三步：各小组将KR进行分类、总结。

第四步：每个小组呈现出相关O下面的KR，其他组给出反馈。

第五步：深度讨论后，达成共识，决策出关键KR。

下面是没有引入OKR工作方法时的目标。

10月31日完成最佳版本。

12月31日的版本进行小范围买量测试。

打造一流的新手引导新流程。

玩家对战环境玩法达到业界标杆水平。

以下是通过OKR的方式制定的目标。

O：完成新版本，并在4个月完成3天版本测试，达成次日留存率38%、三日留存率25%的目标。

KR1：版本稳定，宕机概率低，效能良好；用一般手机玩起来不卡顿；在测试过程中不会因为技术原因导致留存数据下降。

KR2：新手流程跑得更通顺，让玩家更能融入剧情，游戏前30分钟流失率对齐同期××数据。

KR3：玩家对战环境玩法提升策略性，让玩家容易上手，快速地了解玩家对战环境玩法套路，效果对标××。

KR4：英雄探索功能做得更有感觉，提高玩家对游戏的世界观与英雄的代入感。

KR5：开服活动、公会任务要让主玩家觉得有吸引力，引导他们玩下去，三日留存率/次日留存率衰退对标××同期产品数据。

KR6：新版界面全部更新，调整用户体验的合理性，按照正式上线标准进行测试。

OKR方法引入前，目标是制作人自己的目标，其他职能被动等待分配。因为被动执行意味着不了解任务的真实意图，这导致成员无法主动思考，且无法提供有价值的反馈。将OKR方法引入后，各个职能可以把O当作最高原则，各职能对齐，形成合力，去支持O的实现。

出行服务行业：用OKR推动创新和组织变革

某出行服务供应商，为了推动公司战略创新，在组织内部成立了多个由跨部门成员组成的敏捷作战小组，在主营业务之外，努力实现创新目标。同时，该出行服务供应商还引入了OKR目标管理法，成功推动了创新和组织变革。

澄清公司战略，上下左右拉齐方向

在成立敏捷小组之前，该公司遇到了两个关键挑战。第一，创新意味着不确定性很大，小组成员需要不断地对问题、项目目标、项目产出达成共识。第二，每个敏捷小组都由跨部门的员工组成，小组里大部分成员都有繁重的日常工作。如何让跨部门的员工充分拉齐认知，对项目做出贡献，是小组每个成员都面临的难题。

为了解决这两个问题，该公司开了一场OKR共创会，设计了一个开放的战略圆桌会，邀请首席执行官到现场与大家分享公司战略，帮助小组成员统一认知，达成一致。

在首席执行官分享完公司战略之后，敏捷小组的成员有提出问题的机会。首席执行官通过解答问题再次细致地明确了战略，同时，首席执行官还分享了创新业务的一般流程和概念，和团队成员同步了创新敏捷小组的期待和认知。

分享共创，聚焦团队目标

为了找到突破点，该公司的这次共创会议从早9点进行到了下午6点。

环节一：开场及介绍。

①员工自我介绍，描述自己"不为人知的特点"。

②员工得以迅速建立新的链接。

环节二：以终为始，2022年年会发言。

①设想自己代表项目组领导在公司2022年年会发言，以小组为单位形

成发言稿。

②逐个小组上台发言。

③总结归类关键成就。

环节三：团队沟通小游戏。

①所有成员两两为一组。

②背靠背，一个人扮演司机，一个人扮演调度员。

③两人靠语言沟通，"调度员"需要在最短的时间里指导"司机"到达目的地。

④让团队进行复盘游戏，使大家理解到目标共识的挑战以及沟通的重要性。

环节四：年度OKR第一轮。

①每个小组领取年会发言的其中一类关键成就，通过共创的方法制定一版年度OKR。

②每个小组分享以上内容。

③其他小组和引导师提出疑问和建议。

环节五：年度OKR第二轮。

①每个小组根据上一轮中收到的建议，讨论并整合要点。

②重塑第二轮OKR。

③用"世界咖啡"[①]的形式，各小组交换意见。

④引导师提出关键建议。

---

① 围绕一个相关问题有意图地召开一个实时的集体会议，将大家的智慧集中起来解决问题，发现思考的共性。——编者注

环节六：制定季度OKR并拟订关键行动计划。

①根据年度OKR，讨论共创出第一个季度的OKR。

②依据第一个季度的关键结果，梳理关键行动，列明负责人及截止时间。

环节七：收尾。

①回顾全天讨论的内容。

②分享收获及心得。

从团队层面来看，群体的承诺度很高，员工对于自己的工作内容非常有动力。但在讨论的过程中，还是发现了一些问题。

第一，员工缺乏基本的系统性思维。在梳理创新项目时，缺乏全局观。

第二，员工缺乏有效沟通的技能，与协同方沟通时过于机械，不善于使用技巧。出现这样的问题，可能是因为之前的工作方式导致大家习惯执行，思维固化，欠缺深度思考及技巧性解决问题的经验。共创则为员工提供了一个思维框架，即从整体到局部，从目标到执行，从可控圈到影响圈看待问题。

管理及意识的提升是一个持续的过程。团队目前整体处于从无意识无能力向有意识有能力过渡的阶段。这期间的干预、陪伴会带给团队很多帮助。另外，制定目标更大的意义是让团队更加团结，体会到整体感。目标越清晰，希望越明确，动力越强劲。

对齐战略需求，释放"团魂"

通过本次会议，该公司聚焦了企业的目标，对齐了战略需求，鼓舞了士气，成功地用OKR为企业进行赋能，主要表现在以下两个方面。

第一，充分沟通，澄清关键概念。

在大企业中，要让一个项目小组或者一个部门成员百分之百地理解公司战略是特别困难的。因此企业要通过不断地充分沟通，让员工理解战略需求，了解目标背后的意义，这样员工在落地战略的时候才会有的放矢。

在该公司这次共创会中，首席执行官全程参加并在关键时刻及时介入，让项目组成员理解了目标背后的真正意义，以及创新工作的过程和规律，解释了敏捷项目小组一直以来的几个核心难题，例如"透彻地了解商业模式""功能价值≠客户价值""创新项目团队需要在本年度做到什么阶段"等。此外，首席执行官还对比了美国和中国的商业需求，让员工对目标进一步加深理解，提升工作动力。

第二，团队凝聚力和士气大大提升。

团队有了共同的目标，从"要我做"转变为"我要做"。另外，每个人的闪光点及"坚韧"的性格特点通过共创都有机会展示在团队面前，增强了团队成员实现目标的决心，提升了团队整体的凝聚力。

后记

带团队、做管理、做业务的中心思想是爱。

爱需要用心，爱需要守正，爱也需要方法。

一个好的方法能催生充满爱的行为，OKR就是这样一套好方法，它的底层逻辑是相信自驱、全面激励、锐意创新，而这些都是更符合未来商业趋势的理念。

我们是OKR的受益者。

2015年，我从全球最大的糖果公司辞职，到2018年这三年中，经历了天使投资、迅速扩张、不得已裁员、业务重组转型等。我因为家庭原因，举家搬离北京，不得不和团队开启远程办公，那时候，我在业务发展和管理上都忧心忡忡。

2018年，我在出差的飞机上读了《OKR工作法：谷歌、领英等公司的高绩效秘籍》，这本书讲到一位工商管理硕士自己创业以及使用OKR的故事，我感同身受，立马决定把OKR引入公司。

本书的第二作者王曙光老师，当时作为引导师（现在是我的合伙人），带领我们花了两天的时间共创了年度OKR，帮助大家同步信息，聚焦最重要的事情，实现公司目标。平时用OKR的方式开周会、月会、季度会，定期复盘我们的行动和方向，一用就是四年。

除了这些会议，我们平时还有很多持续绩效管理的措施。我和团队所有成员每个月都有一次一对一的对话，对话内容非常深入，帮助我更好地了解团队成员最近的想法和行动。我也鼓励团队成员之间进行一对一话，让他们加深对彼此的了解。

每周五有一次答谢时间，给大家机会去真诚地认可、感谢彼此。还有午餐会、云分享等内部机制，都能加深员工彼此的了解。

同时，我们不断学习和实践OKR代表的管理理念，把最前沿的组织方法（例如DDO，锐意发展型组织）、激励理念（例如ToMo，创造全面激励）、管理文化（例如团队心理安全感）和OKR串联起来。

远程工作虽然给我们带来了很多不便，但是正因为我们采用OKR目标管理法，团队很快就适应了这种节奏。2020年，大部分企业都很难适应突如其来的远程办公，但是我们内部却几乎没有受到影响。也正是因为有这个基础，虽然2020年的前7个月我们都没有收入，但是我们在后5个月的时间里完成了全年业务目标的70%！

OKR帮助我们明确战略定位，凝聚远程团队，从容地应对各种变化，不断突破、创新，现在，公司的客户复购率和客户数量都越来越好。有越来越多的客户找到我们做OKR引入。

从自己深度实践到陪伴式赋能他人。

OKR的传播是从谷歌的分享开始的，国内开始尝试OKR也是从互联网、科技行业起步的。

身边陆续有企业创始人，例如国内规模较大的科技学习社区创始人、国内知名的风投机构负责人来请教我：OKR是什么？怎么使用OKR？用了OKR有什么好处？

深度实践的经验让我们充分认识到OKR的价值，同时我们也非常清楚，要用好OKR，让它发挥价值，绝不只是看几本书，"照猫画虎"就能做好，它需要一个系统学习的过程。

后记

所以从一开始我们就发起了"陪伴式赋能"的模式。

我们做深度访谈，深入理解客户现状和面临的挑战、引导客户团队做OKR共创、辅导客户高效开会、深度复盘。不仅传播OKR概念和相关的实施流程，还注重帮助客户重塑管理文化、确立管理理念以及提升组织管理能力。在实施OKR的基础上，支持某些客户形成使命、愿景、价值观，做战略解码，全面帮助客户提升绩效。

用这种方式，我们的服务周期至少是一个季度，因此很多客户都是以年为单位和我们合作。在这些深度的陪伴中，我们看到一个个团队焕发士气，更加自信，目标越来越清晰、一致，绩效得到了提升。

我们想把经验分享给更多的团队。

过去四年，我们和50多个团队共同成长，每一个客户都充满了管理的智慧。

从一开始的科技公司、教育公司，到后来的内容创意公司、互联网巨头，再到各行各业的各种类型的公司（例如跨境电商、运营公司、媒体公司、游戏公司等），大家都在好奇：OKR到底是什么？OKR到底怎么才能用好？

我们知道"陪伴式赋能"的方式，并不能服务大多数人，因此希望通过这样一本书，把我们多年的OKR实践经验以及多元的管理智慧分享给更多的人。

希望用真正的OKR点亮更多组织和个体的生命力，期待与你们一同见证！

刘思洁

参考文献

[1] 克里斯蒂娜·沃特克.OKR工作法：谷歌、领英等公司的高绩效秘籍[M].明道团队，译.北京：中信出版社，2017.

[2] 约翰·杜尔.这就是OKR[M].曹仰锋，译.北京：中信出版社，2018.

[3] 姚琼.OKR使用手册[M].北京：中信出版社，2018.

[4] 保罗R.尼文，本·拉莫尔特.OKR：源于英特尔和谷歌的目标管理利器[M].况阳，译.北京：机械工业出版社，2017.

[5] 姚洁红.每个人的OKR[M].北京：中信出版社，2020.

[6] 王明.OKR管理法则——阿里巴巴、华为绩效管理实战技巧[M].北京：中信出版社，2020.